世界でいちばん楽しい会社

夢を追う12の起業家たち

venture

早川　和宏

三和書籍

はじめに　世界でいちばん楽しい会社

毎日届く新聞、分けても経済紙に「ベンチャー」という文字がない日はない。いささか手垢のついた感もあるベンチャーだが、今なお真のベンチャーの在り方が企業に求められているということであろう。

そんなベンチャーという言葉が踊る同じ紙面には日本を代表するパナソニックやシャープ、ソニーその他、多くのベンチャーが目標にしてきた世界的企業が低迷する日本経済、ユーロ危機、円高の嵐の中で苦悩する姿が載っている。だが、ベンチャーも大企業も千差万別である。苦悩する多くの企業を尻目に、危機を踏み台にして、さらなる飛躍を遂げている企業も少なくない。

両者のちがいは、要するにベンチャー精神があるかないかでしかない。その意味では、ベンチャーはいつの時代にも必要とされる企業の在り方であり、ビジネスの教科書的な存在でもある。そのベンチャーも、カネを目当てに儲かる分野に殺到する単純なタイプから、真に時代を拓く世界№1の技術を持ったベンチャーまでさまざまである。

ベンチャーの意味に関しては、前著『日本発！　世界№1ベンチャー』の「はじめに」で述べている。いくつかの解釈がある中で、私にとって価値があるのは、英語のもともとの意味である

「冒険」「危険な冒険的事業」というものだ。

本書の十二社も、前回同様、私が連載をしているビジネス情報誌『エルネオス』（エルネオス出版社）の「早川和宏のベンチャー発掘！」で紹介したものである。一冊にまとめるに当たって、あらためて連絡をして、その後の経緯、最近の状況などを聞いて、各々の末尾に付け加えている。

タイトルの『世界でいちばん楽しい会社』は、第一話のＤＡＣグループ・石川和則代表が目指してきた会社の目標である。業界が低迷する中、中堅広告代理店として売上げを伸ばし続け、五十周年の記念イベントに全社挙げて取り組む姿は、見ているだけでも楽しさがいっぱいだからである。

そして、この「楽しい」というコンセプトが実は全十二話すべてに共通するテーマ、キーワードではないのかと思い当たったことが、タイトルに用いた理由である。

例えば、第二話のテラモーターズにしても、徳重徹社長以下、同社に集う精鋭たちは「世界№1ＥＶカンパニー」へのチャレンジが楽しくて仕方がないといった様子で、他社の四倍の仕事量、スピード感を持って日々仕事に取り組んでいる。

第三話の「セリック」は世界で初めて人工太陽灯の開発に成功した。古代の人類は火を手に入れたことによって進化を遂げ、文明を切り拓いていくが、今日の人類の代表として「セリック」は太陽の光を人工的に手に入れた。こんな楽しいことはないだろう。

第四話、パナソニックの社内ベンチャー第一号である「ピーディーシー」のデジタルサイネージ（電子看板・電子広告）は、新しい時代の広告看板だが、その最先端を走り「世界初」を次々と仕掛けていく。そして、門外漢の人間にはデジタルサイネージという片仮名よりも、電動紙芝居や幻燈のようでもあり、見ているだけで楽しい。

第五話の「テネモス国際環境研究会」はエネルギー革命の先を行くフリーエネルギー分野で、世界の最先端をリードする。実際にあるフリーエネルギーモーターにしろ、蝶のように飛ぶ飛行機にしろ、夢があって説明の必要がないほど楽しい。教科書に書いてあることしか信じられない、従って最先端とは程遠い一回り遅れた現代の科学者が「あり得ない」というところなど、笑えるほど楽しい。

第六話の香りのベンチャー「シームス」は耳の不自由な人でもわかる「わさび火災報知機」で、二〇一一年のイグノーベル賞を受賞している。近年のイグノーベル賞は技術的にも高い評価を得ているものが多いが、もともと本家ノーベル賞に対抗してできた「イグノーベル賞」と聞いただけで楽しくなってくる。

第七話の「勇心酒造」は日本酒が売れない中、お米の力を広めるための「ライスパワープロジェクト」を展開している。日本酒の奥深さを支えてきた伝統的な糀文化を生かした日本型バイオの力で、ライスパワー（お米の力）を世界に広めると同時に、日本女性の美しい肌づくりに貢献できるなど、実に楽しい。

第八話の「樋木酒造」は、低迷する日本酒業界にあって、単なる商業主義に流れず、常に酒造りの本質、商人としての本来の在り方を貫いて、地酒ブームに警鐘を鳴らし、焼酎ブームを仕掛け、ビール亡国論を掲げてきた。その姿勢は今も変わらず、酒を生業とする者として「飲酒のための戒め」を説く一方、公益財団法人「鶴友会博物館」を設立するなど、実にいさぎよく楽しい。

第九話、宅配ピザ「ナポリの窯」で知られる「いちごホールディングス」の宮下雅光社長は、IBM退社後に始めた外食事業に失敗。自殺するしかないと、最後の所持金五百円でパチンコをしたところ、大フィーバー。そこから大逆転が始まるといったサクセスストーリーなど、楽しさに満ちている。

第十話の「マイクロヒルソン研究所」は産業廃棄物であるおからが出ずに環境に優しいだけでなく、食べておいしい大豆一〇〇％豆腐を完成させた。そのこだわりの「京都百幸豆富」は、口コミの結果、今ではネット通販の「取寄豆腐」の人気№1になった。豆腐の日本一ということは、そのまま世界№1でもある。こんな痛快で楽しいことはあるまい。

第十一話、パーティションなど建築資材を扱う「△□○」は初めて見れば何と読んだらいいのか戸惑いもあるが、どこにも×がない。Mr.△□○こと福田剛会長は真っ赤なスーツ姿でどこにでも行く「歩く広告塔」である。縁起がいいだけではなく、見ているだけで楽しい。

第十二話の「河原社会保険労務士事務所」の河原孝朗所長は「先生」と呼ばれる社労士の仕事を「なくなるほうがいい」という。社労士の仕事は労使問題、年金トラブルなど、世の中がすさんで乱れた不幸な時代になればなるほど、出番が増えて忙しくなるからである。そのため「良い社会」の実現を使命とするオフィスは、茶室である。そんなビジネス環境は仕事の内容はともかく楽しいに決まっている。

その各々の楽しさは、それぞれ「世界一」というわけである。

もちろん、その「世界一」は楽しさだけではない。楽しさを貫きたくとも絶対的な権力とカネの前に、挫折を余儀なくされがちなのも、ベンチャーの持つ宿命である。そのため今回取り上げた十二社の世界もまた、あえて一言でいうならば「やっぱり、世界一はすごい、楽しい、夢がある、でもちょっと辛い」ということになる。

そして、だからこそ、それぞれの企業理念から経営者の生き方、技術など、すべての企業やビジネスパーソンが学ぶべき本来の企業の在り方、発想、多くの大企業が忘れたビジネスの原点をあらためて考えさせる貴重なヒントに満ちている。

目次

第1話

世界で一番楽しい会社づくりを目指す広告会社「DACグループ」

石川和則　代表

❖北極点・南極点をクロスカントリーで制覇した冒険家社長
❖不況の広告業界で驚異的な急成長を続ける
❖「冒険には感動があり、人生のすべてがある」

長い不況に苦しむ広告業界の中で、記録的黒字を出しているDACグループ。二〇一二年十月、創立五十周年を迎える同グループの石川和則代表は、その記念事業として北極点に続いて南極点を制覇、世界の冒険家が目指すポール・トゥ・ポールを達成した。ソウルでパラリンピックを見て感動した彼は「人生には感動が必要だ」と知り、四十歳の時、ハワイのヒルクライムレースに参加、アマチュア世界記録を達成。その後、冒険王「アニマル石川」として、仕事に冒険に社員の先頭に立ってチャレンジを続ける。

ポール・トゥ・ポール

二〇一一年にTBS開局六十周年記念ドラマと銘打った「南極大陸」が放映されたのは偶然ではない。二〇一一年は一九一一年十二月十四日にアムンセンのノルウェー隊が南極点に到達してから百年目の記念すべき年。同年末には、広告代理店「DAC（デイリースポーツ案内広告社他）グループ」を率いる石川和則代表が日本を発って、一月十七日の南極点到達を目指した。それも、一年の間に北極点そして南極点にクロスカントリースキーで行くという「ポール・トゥ・ポール」達成への挑戦である。

不況の広告業界にあって、DACグループは二〇一一年初め「上野駅周辺では最初にして最後の高層ビル」と言われる新ビルに移転した。仙台に支社を持つDACグループも多くの企業同様、

３・11東日本大震災の影響を受けたが、苦しむ同業者を横目に順調に業績を伸ばしている、いまどき珍しい会社である。

だが、お金があるからといって、南極に行けるわけではない。お金が必要なことは確かだが、飛行機で南極上空を飛ぶセレブ相手の南極遊覧ツアーなどとは訳がちがう。

2012年1月、ポール・トゥ・ポール達成

事実、石川代表が南極行きを考えたのは、二〇〇一年八月。ロシアの軍港ムルマンスクから原子力砕氷船ヤマル号に乗って北極点に立ったことだった。その時「南極に行きたい」と思ったのが最初だったが、南極ツアーを主催している旅行社から「六十歳では無理だ」と一度断られている。

過酷な自然の中、四〇キロ近い荷物をクロスカントリースキーで運ぶのは、死の危険を賭けた挑戦そのもの。六十歳を過ぎた人間にとっては、冒険というよりも無謀な試みでしかないからである。

奇しくも石川代表が南極点到達を目指した一月十

七日は、百年前ノルウェー隊と南極点到達を競っていた英国のスコット隊が到達した日である。「われらこそ世界初」と信じた南極点には、すでにノルウェーの国旗が掲げられており、落胆した彼らは遭難死する。

年齢的に最後のチャンスだと考えた石川代表は、二〇一一年二月、旧知の冒険家である舟津圭三氏をアラスカに訪ねて、南極行きを相談した。その結果、旅行社から「四月にある北極点に歩いていくツアーをクリアできたら席を用意する」との返事を得て、何とか南極行きの道が開けた。

二度目の北極行きとなった、その年の四月、六か国九名の参加メンバーが集まった。自分が最高齢だと信じていた石川社長は、そこに七十歳の日本人男性（松本愛明氏）が参加しているのを見て、上には上がいる、そして世界は広いことを思い知らされる。

そんな極地を巡る冒険は、常に命の危険と背中合わせである。氷点下三〇度の氷の上でのテントの設営自体「死ぬかと思った」という過酷なもの。氷に覆われた北極の氷の上は平らではない。氷と氷がぶつかってプレッシャーリッジができる。諏訪湖の御神渡りの南極版だが、高いものは十メートル近い。夜中にドーンという大きな爆発音が聞こえてクレバスができると、そこから海水が噴き上がる。もし、その上にテントを張っていれば、海に落ちて助かる見込みはない。

「現地のガイドはその危険を避ける方法を知っていて、同じ氷でも融けて塩辛い氷と飲料水になる氷を見分ける。北極点で学んだことは本当に多い。もっと言えば、冒険からは常に学ぶ」と、石川代表は強調する。

無事、北極点に立った石川代表は「必ず成功する。南極点を目指す」と、心に誓った。

南極点制覇

北極点到達に続き、石川代表は二〇一二年一月十五日夕方（日本時間十六日）、ついに念願の南極点制覇を果たし、世界の冒険家が目指すポール・トゥ・ポールを達成した。

氷の上の北極点とは対照的に、南極は標高二千七百メートル、富士山より空気が薄い。人間を拒絶する過酷な自然の厳しさは、行った者でなければわからない。北極でマイナス三〇度の世界を知っている石川代表だが「寒さが、そのレベルがちがいますね」と語る。

外に出れば、強風が止むことなく吹きすさび、体感温度が一〇度はちがう。南極のオゾン層が破壊されて、宇宙からの冷気が直接入ってくる。そのせいか、日本の南極観測船「しらせ」が厚い海氷に阻まれて接岸を断念したことがニュースになっている。

しかも、睡眠中は呼吸が浅くなるため、起きてすぐに動くと酸素不足による高山病になる。そのため、まず深呼吸をして、時間をかけて酸素供給量を増やす必要がある。油断すれば、すぐ凍傷になる。その中での作業もトイレも命懸けだ。

すでに北極点を制覇した石川代表だけに、南極の厳しさを甘く見ていたわけではない。だが「想像を絶するというか、その過酷さが人間が考える過酷さとはレベルがちがう。人間を拒否するというのか、人間が住めない世界です」と語る。よく言えば最後に残された大自然の安息所であり、世界中から著名な冒険家、研究者が集まってきて、多くの地球の謎や歴史に関する新発見がニュースになる。

今回の南極行きのメンバーはプロの冒険家である舟津圭三氏をはじめ、七十一歳の松本愛明氏も日本山岳協会の元会員である。石川代表のパートナーとして参加した大重信二氏も、帰路はチリで別れて、一人南米大陸の最高峰アコンカグアに向かっている。

だが、強風の続く南極はプロでも音を上げる。今回の遠征では石川代表の前を松本氏が歩いた。吹雪のため声も息づかいも聞こえないが、その足元から苦しさが伝わってくる。吹雪に耐える足元がふらつくとき「頑張れ、倒れないでくれ」と祈る。それは自分に対する励ましでもある。もし、誰かが倒れたら、その時点で遠征は失敗に終わる。その意味では、今回の遠征はチームプレーが求められる団体競技のようなものでもある。

南極の厳しさはわれわれには想像もできないが、南極点からの帰路にしても、極点を発ってから飛行機を乗り継いで日本の自宅にもどるのに八日間を要したというあたりに、距離だけではわからない遠さ、難しさが象徴されている。

一月末、帰国して一週間後に会った石川代表は、見た目は元気いっぱいだが、自ら「まだダメージがありますね」と明かす。元の体調に戻すため、おいしい食事をして酒を飲み、二〜三か月かけて半凍傷状態の指に紫外線を当てたり、マッサージなどをしながら、人間本来の細胞の働きを取り戻すべくリハビリに努めている。だが、今回のポール・トゥ・ポールの達成により、冒険家アニマル石川の人生にもう一つの偉業が加わった。

太陽への挑戦

そんな危険な冒険に、なぜ挑戦するのか。石川代表が人に問われ、自らに問うた答えは「人生には感動が必要だ」というもの。「人生の豊かさを知り、人の素晴らしさを知り、大自然の美しさを知る。極点にはそれがある。いや、冒険にはそれがある」という石川代表のメッセージを一言でいうと、そこには必ず感動があるということだろう。

もちろん、六十三歳の自分に何ができるのか、「己に対する挑戦」の意味もある。いまだ地球の両極点に立った広告会社の社長はいない。同時にそれは、五十周年を迎えるＤＡＣグループのため、会社の五十周年に花を添える記念事業でもある。さらには社員のため、後に続く若い人たちのため、冒険心に満ちた夢とロマンのＤＮＡを受け継いでもらう、その道筋をつける意味がある。世界の冒険王がトップにいれば、必然的に社員も成長すると信じてのことである。

だが、その彼は四十歳を過ぎるまで、およそ冒険とは無縁の人生を送ってきた。最初の冒険は一九九〇年八月、ハワイ州ハレアカラ・ヒルクライムレース。海抜ゼロメートルから三千メートルを自転車で駆け上る「サイクル・トゥ・ザ・サン」と呼ばれる世界で一番過酷な自転車レースである。

きっかけは、その前年、レースのスポンサーである求人雑誌のオーナーに誘われてハワイに行ったこと。そのレースを石川社長はオーナーと一緒にキャデラックに乗って、スコッチのオンザロックを片手に、ゴールである標高三千メートルの頂上を目指した。「途中で恥ましたね。選手が死にもの狂いでレースをしているのに、自分たちは酒を飲んで、いわば虚構の世界に踏ん反り返っている。その姿は仮に相手からは見えないとしても、本来あるべきものではない」と、振り返る。

苦い後悔を覚えながら、石川社長は頂上に登ってくる選手を迎えるのだが、彼らがみんな「I do it!（やったぜ）」と言って倒れ込む。そんな彼らを係員が救護室に運んでいって酸素ボンベをくわえさせる。気がつくと、石川社長も手伝っていた。

深く感動した彼は、レースの後、オーナーに同意を求めるように「これは見るもんじゃなくて、やらなければいけないな」と言った。だが、返ってきた答えは「いやー、絶対できないよ」というものだった。

「いや、オレにはできる」

「あんたでも無理だ」

「いや、オレの精神力だったら」ということで、男の意地を賭けて、彼は翌年のレースにチャレンジすることになる。

彼は、近所の自転車屋に駆け込んで聞き出したオリンピックの元代表選手に教えを請うた。「そこでスクワットを百回やってみてください。できたら考えましょう」との返事。だが、十二回で翌日歩けなくなった。諦めずに三回通って、ようやく熱意が通じた。ただし最初の三か月間はトレーニングだけ。しかもレース用の自転車に百万円ほどかかる。超軽量のそれは指先一本で持ち上がるプロ仕様のもの。

そこから不可能と言われた挑戦が始まり、練習では七千キロを消化した。日本列島をおよそ二往復した計算になる。その成果が、四十代のアマチュア世界記録の達成である。

レースでは現地のテレビカメラに向かって日本語で語りかけ、通じないとわかると歌をうたった。やがて、話す余裕もなくなり、ひたすら頂上を目指し、ゴールに飛び込んだ途端、気絶した。気がつくと、戦い終えた頼もしい父親の姿を見た娘が「パパ、私結婚できない」と言った。その一言は男親にとっては最高の賛辞である。バンザイ！

その様子がテレビ東京の特集番組「太陽への挑戦」で放映されて、大きな話題を呼んだ。冒険家「アニマル石川」の誕生である。

だが、別の言い方をするならば、人生そのものが冒険ではある。彼の人生もまた、意外な展開をする。

素人大歓迎

石川代表は一九四八年十月、千葉県我孫子市に生まれた。付属中学から高校を経て、推薦入学が決まっていた日本大学には進まず、アメリカに留学するため日本英学院に通った。ところが、付き合っていた女性が妊娠したことで、留学どころか彼は十九歳で結婚して家族を養わなくてはならなくなった。人生は思うようにはならない。

就職先を探し、あちこち奔走して疲れ果てた彼は、上野駅で「素人大歓迎、ボーナス年四回」という広告代理店の求人広告を目にする。仕事は電話セールスでの広告取り。入社したものの、もちろんそう簡単には広告は取れない。

一週間後「自分には合いそうもないので、辞めさせて欲しい」というと、上司の「仕事をナメるな、社会をナメるな」というビンタが飛んできた。そんな時代である。

若く血気盛んな彼は「上司を殴り返してから辞めよう」と翌日、出社した。だが、すぐに朝礼が始まって「辞める」と言えないまま「お昼に言おう」と、辞めるつもりで電話営業をしていたら、三万五千円の十行広告が取れた。上司に報告すると「オイ石川君が初めて取ったぞ。それも三万五千円だ」と叫んだ。当時、みんなが取る広告は五〜六千円の二行広告だったため、昼食をご馳走され、辞めるタイミングを失った。午後にまた三万五千円の広告が取れて、その日は彼の快挙に会社からお祝い金が出て、初めてキャバレーに連れていかれた。店を出た彼は殴るはずだった上司に「先輩、明日も頑張ります」と言っていたのである。

会社には事業計画があるように、人生には生活設計が必要だ。そう考えた彼は「六か月で主任、一年で係長、二年後は課長になる」と、将来を見据えた行動計画表をつくった。

猛スピードで出世した彼は、一年足らずで課を任され、会社から出る交際費を部下への賞金に使うなどアイデアマンでもあった。

「新人で入って、一歩間違えば路頭に迷うような自分が一年後には課長だ。オレの未来は本当に開けている」と、そう思った。だが、人生は何があるかわからない。課長になった翌月、会社が倒産した。社長が先物取引、俗にいう赤いダイヤ（小豆相場）に手を出して莫大な負債を背負ってしまったのである。

三代目社長

うまくいきはじめた人生が振り出しに戻ってしまった石川代表は、先輩社員と仕事を始めたのだが、知らぬ間に利益の五割をピンハネされ、ケンカして退社。仲間と仕事を始めると、百万円出資してくれる人物もいた。

やがて、営業力を買われた彼は百万円の出資者であるデイリースポーツ案内広告社の白澤芳郎オーナーから社員教育を頼まれて、全社員を連れて移っていった。だが、前々から苦しかった同社の経営は、社員教育だけですむ状態ではなかった。

その後、経営立て直しのため、大株主だった会社から二代目社長が来て五年。会社は毎月の手形を落とすのに精一杯。そんな状況を打破しようと、社長に十項目ほどのお願い書を持って直談判した。それでも何も変わらないため「人に使われるのはこれまで」と、彼は辞表を提出した。だが「君が辞めると会社は必ず潰れる。何とか残ってくれないか」と、周りから引き止められて、残る代わりに要望書を提出した。二十九歳の若さで莫大な借金を抱えた会社の社長になどなるつもりがなかった彼は、断られるのを承知で無理難題を吹っ掛けた。

ところが、他に道はなかったということだろう、彼の要望が通って、親会社を巻き込んでの再建話が何とかまとまった。その時、後楽園で花火が上がった。巨人の王貞治選手がホームランの世界新記録を出した証である。その祝砲は三代目石川社長の誕生を同時に祝っているかのように周囲に轟いた。

一九七七年十月、社長を引き受けた彼は、「わが社は絶対にリストラはしない。私が必ず会社を復興させる」と宣言した。頼りは当時いた百二十人の社員である。その彼らが、何と一月半の間に百四人も辞めていった。さすがの石川代表も人間不信に陥った。

「当初は辞めていった人間を恨んだけど、彼らを恨むよりも残った十六人を大事にしたほうがいい。そんな簡単な真理がわかるのに、どれだけ苦悩したことか」と、振り返る。

十六人では食べていけないと思ったが、実際は逆だった。潰れそうとはいえ、会社にはスポンサーもいれば、取引先もある。百二十人でやっていた仕事を十六人でやらなければならないのだから、大変である。超多忙となり、会社は記録的な黒字を続けて蘇った。

その時以来、石川代表の「必ずできる、必ずやってやる」が、躍進著しいDACグループのキャッチフレーズになって、今日に至る。

当時、大半の社員が見放した会社の復興は、三代目社長を引き受けた石川代表の冒険心、男気があればこそだが、もちろんそれだけではない。

企業は人なり

残った十六人には、日本一の広告代理店を目指して「いつか電通を追い抜いてやろう」という夢と希望があった。現在のＤＡＣグループは、そこから始まった。

借金を完済するのに十一年かかったが、危機を乗り切った石川代表は、ソウル五輪が行われた一九八八年の十月、韓国ロッテから招待されて、パラリンピックの車椅子レースを見た。ハンデを持つ彼らが必死になって車椅子を漕ぐ姿に涙し、言い知れぬ感動を覚えた彼は、その夜一睡もせずに世界中の友人に「人間には生きている限り、こういう感動が必要なんだ」と三十八通の手紙を書いた。

そのとき彼は何となくDACグループが将来目指すべき目標が見えてきたという。それが世のため、人のため、会社のためにもなる、みんなを感動させる「感動事業」への取り組みであった。だが、何事もやりたいからと言って、すぐにできるものではない。

目標を実現するため、彼は会社の豊かさ、人生の豊かさ、心の豊かさが必要だと考えて会社を大きくし、人を育てていった。

パラリンピックを見て感動した彼は、一九九〇年、ハワイのヒルクライムレースで冒険家としてデビュー。その後も友の死に無常を感じて昔から夢見ていた中国タクラマカン砂漠ツアーに参加、民間人で初めて楼蘭へ行った。ネパールからエベレストのベースキャンプにも立った。若いころ、作家になりたいと考えた彼が目標としたヘミングウェイの足跡をたどってキリマンジャロに登るなど、冒険家への道を突っ走った。

冒険家に必要とされるのは、成功のための条件づくり。用意周到さ、日頃の鍛練、強靱な精神力。それなくしては、冒険は単なる無謀な試みで終わる。

冒険家の石川代表は積極的にチャレンジする先見性と同時に、経営面でも冒険を成功させるのに必要な慎重さも兼ね備えている。健全経営の一つに手形を切らないこともある。絶対にリストラはしない。

そのために、具体的にやってきたことは、求人広告専門の会社ピーアール・デイリーを設立して、雑誌分野にも進出。観光部を充実させてデイリー・インフォメーションを設立するといった形で、細胞分裂型に業種を拡充していった。そして、メディアエイトを加え、八社からなるＤＡＣグループとして、今日に至っている。

いろんな業種を扱うことによって、単一業種のビジネスがうまくいかなくても、他の業種でカバーできる。さらに全国に営業所をつくって、東京から全国へと展開していった。全国に営業拠点を持つことで、一拠点の弱点をカバー、突発事故を防ぐことができる。事実、リーマンショックも乗り越え、３・11東日本大震災でも仙台営業所が大打撃を受けたが、その分を全国でカバーしている。

いち早くネット求人分野に進出し、グローバルな時代の趨勢を読み、インバウンドの事業を他社に先駆けてやってきている。当初、利益など見込めなかったネット求人に進出したのも、彼が世界の現状を知っていたからであり、ＤＡＣグループの将来を見据えての挑戦、イノベーションでもあった。

「私なりの経営哲学、経営計画に沿ってグループをつくり上げてきましたけど、たぶん日本でもっとも安心できる会社、どんな災害や世界恐慌にも耐えうる会社の一つだと思う」と語る表情は自信に満ちている。

百年計画標語

「黙ってオレについてこい」というのが、超ワンマンを自認する冒険家「アニマル石川」の流儀である。だが、一般的なワンマン経営者と大きくちがう点は、多くの企業グループではワンマンの下では人はなかなか育たないことである。

その点、DACグループの石川代表はただのワンマン経営者ではない。人を育てることを企業の原点に、愚直にしかも頑固に「企業は人なり」という原則に向き合ってきた。そのために何をするのか。冒険はそのもっともわかりやすい答えである。

グローバルな時代に、世界的な視野を身につけるためには社員を海外に出すしかない。若い社員を育てるには、どうしたらいいのか。いろんなやり方がある。

だが「いいリーダーを育てるには、トップが自ら先頭を切る以外にいいリーダーなんか育たない」と断言する。世界の冒険王がトップにいれば、必然的に社員も成長するはずだと言う。

DACグループでは、毎年、石川代表の考えていること、会社の考えていることを「スローガン」という冊子にして全社員に配付している。トップの考えをDACグループという大家族全員が共有するためである。

そこには一〇〇年計画標語として「世界で一番楽しい会社をつくろう！」と書かれている。それは石川代表が社長になった時に、リーダーとして一番したいことであった。確かに社会人は人生の半分以上を会社で働くことになる。その会社が楽しくなければ、人生の半分もまた楽しいはずがないからである。

一つの大家族同様、DACグループでは全社員が石川代表とともに、冒険やスポーツ、趣味やイベントを楽しむ。研修を兼ねて、自らお米や野菜を育て、味噌などをつくっている。それらの作業がすべて田植え・収穫研修、リンゴの花摘み・収穫研修といった形で、グループの研修イベントと化している。例えばリンゴの研修では盛岡のワンコそば体験とセットという具合である。

「社員の人間成長研修の一環として、良かったと思ってやってますけど。まあ、十年もたてば、それなりの世界観を持った百億円企業が誕生して、一千億円企業に負けない人間力を持った会社に生まれ変わるんじゃないか」と、自らに言い聞かせるように語る。

その他、年二回優秀社員の表彰を兼ねたDACパーティ、マラソン大会などのイベント、富士登山研修、ふれあい看護体験など、DACグループの研修、イベントはユニークである。だが、冒険に限らず人生に無駄はない。その時は無意味で役立たないと思えたものが、その後の成功の糧となる。そこでは体験が人を育み、一回りも二回りも大きくする。

「人間力」を謳うＤＡＣグループが多くの教育、研修に力を入れるのは当然のことだ。

海外研修もほぼ毎月行われる。毎年、新入社員の最初の海外研修は、先輩社員が世界遺産を一番多く見ることのできる中国・北京に連れていく。創立四十五周年の二〇〇七年には百六十一人がグアムに行って、スポーツフェスティバル、バーベキュー大会、イベント満載のＤＡＣパーティ、そして優秀社員の表彰などを盛大に行っている。二〇一二年はハワイで二百七十四名の社員が参加して五十周年式典が行われた。

ＤＡＣイズム

「ＤＡＣ」のロゴマークは「Ｃ」が目立って大きく、そこにクリエイティブ（創造）、チャレンジ（挑戦）、チャンピオン（勝者）という三つの意味が込められている。創造力を発揮し、恐れることなく挑戦し、成功を勝ち取る道を示す。

「ＤＡＣイズム」はグループに共通した考え方で、仲間へのメッセージであるとともに、世界に通用する、人が求めるべき道を示したもので、例えば社員を大事にする「大家族主義」「楽しくなければ仕事じゃない、楽しくなければ会社じゃない、楽しくなければ人生じゃない」「Ｄｏ！ｄｉｆｆｅｒｅｎｔ／恐れるな！人とちがうことをやってみろ」等々のキャッチフレーズとなっている。

ＤＡＣイズムとは、要は石川イズムである。そして、冒険に限らず、研修やイベントなど、さまざまな形で人づくりに取り組んできた、その一つの集大成が株式の上場ということになる。それも人間力による「ヒューマンカンパニー＝人間企業」として上場する。

二〇一二年創立五十周年のＤＡＣグループは、二〇一五年に百億円企業として株式上場を果たすことを目標に掲げて、新たなる五十年である創立百周年を目指す。

上場の暁には、石川代表の「ＤＡＣ冒険基金」を設立する夢もある。今日のＤＡＣグループをつくった冒険王社長として、年間で一番頑張った優秀な社員や日本の若者達を、世界中どこでも行きたいところに行かせるというものだ。

上場後、いつ誰が石川代表の跡を継ぐかは今後の課題だが、ＤＡＣイズムがある限り、グループは存続する。そのとき、生涯現役を地で行く石川代表はアメリカ西海

エントランス

岸で新しいビジネス、長年温めてきた感動事業を起こそうと考えている。その日のために、石川代表はＤＡＣグループ社員の先頭に立って、今日も日本ばかりか世界を駆けめぐっている。

❖　❖　❖

五十周年記念事業

二〇一二年はＤＡＣグループにとって、特別な年である。

リーマンショック、ＥＵ危機、３・11東日本大震災、円高など、日本企業が三重苦、四重苦とも言われる経済的な打撃を受ける中で、あらためてＤＡＣグループの好調ぶりが浮き彫りになっている。本文にもあるように、不況の広告業界を尻目に躍進を続け、最高の業績の中で五十周年を迎えること。そして、その五十周年には五十の記念イベントが用意されている。

五十周年を振り返って、石川和則代表は「ＤＡＣグループの五十年の歴史は闘いの歴史でした。それは社員の幸せを願うゆえの闘いでした」と語る。

アメリカ仕込みのマネー資本主義が跋扈するビジネス環境下、多くの企業が合理性や効率を追い求めて利益追求に躍起になる中で、海外に武士道の国として知られる日本の一企業人として、彼には恥ずかしいことはできなかった。義理人情を忘れず、理想を掲げて、世間知らずの青年のような正論を貫いて今日のＤＡＣグループを築き上げた。

その快進撃ぶりは、日本の閉塞感に満ちた社会では、スカッと爽やかな一服の清涼剤である。

まず、ＤＡＣグループの五十周年記念事業のトップを切って行われたのが、本文にもある石川代表による北極・南極ポール・トゥ・ポール達成であった。北極に次いで南極を制覇できたことで、彼は名実ともに冒険家の仲間入りを果たし、帰国後も各地で講演、屋久島研修、キリマンジャロ女性登頂隊訓練などをこなし、四月からの札幌ＮＨＫギャラリーを皮切りに「青少年に贈る『世界十大冒険』写真展」を開催。九月の東京のＮＨＫふれあいホールギャラリーまで全国六か所を巡回した。

DACグループが入っている東京・上野のTIXTOWER

タイトルに謳われる青少年ばかりではなく、見学に訪れた多くのシニアや家族連れに愛と勇気と感動を与えていた。

石川代表率いるＤＡＣグループでは、彼の冒険に続くように、社員たちが主役のイベントが展開されている。当初、年末に予定されていた大決起集会は、年末は家族と一緒に東京ディズニーランドで過ごしたいという社員からの発案で夏のハワイに変更。七月十二日から十八日にかけて、総勢二百七十四名が創立五十周年記念ハワイ研修に参加した。

ハワイ・シークレットアイランドに、赤いTシャツを着た全社員が集合し、「DAC50th」の人文字をつくって、上空からヘリコプターで記念撮影した。そして、社員表彰式、五十周年パーティ、二次会へと、ハワイにおけるDAC五十周年を楽しむためのイベントは最高潮に達し、成功裏のうちに幕を下ろした。

ハワイから帰ってきた石川代表は「自分も南極に行って、人間的に成長したと思う。同じように、ハワイの五十周年を経たDACは人間企業として一回り大きくなった」と、すべて社員の手によって企画・運営された人文字イベントをはじめとするサプライズと感動に満ちたハワイ研修を経験したことで、社員が確実に成長したという。

ハワイ研修の余韻も覚めやらぬ七月二十七日〜二十八日には、全国新入社員を中心に九十名がホールアース&富士登山研修に参加。五十の記念事業の一つには、世界七大陸の最高峰の制覇を掲げた「セブンサミット」も企画されていて、今年は女性によるアフリカ大陸の最高峰キリマンジャロ登頂隊六名が八月二十日に出発し、全員がウフルピークに登頂（最高峰五八九五メートル）、三十一日に帰国した。

一方の男子社員のほうは、二〇一三年夏に予定されている北米大陸の最高峰マッキンリー（標高六一九四メートル）を目指す前に、今年十二月、トレーニングを兼ねて、南米最高峰アコンカグアン（六九六二メートル）に挑戦する。

十月の創立記念日をはじめ、年末までＤＡＣらしいイベントが展開されて、さらに来年へと続いていく。これらのイベントは大きなものであり、それ以外にも毎週のように盛りだくさんのイベントや研修が行われている。

一体、ＤＡＣの社員はいつ仕事をしているのか。仕事と研修、遊びが渾然一体としていて、まさに「楽しくなければ会社じゃない」という標語通り、仕事も楽しみ、研修・イベントも楽しみ、そこには全社員が家族のような関係で、お互いを無償の愛で支えあう。そんな大家族主義の一体感に満ちていて、楽しい遊びのようにしか見えない。

世界一楽しい会社を全員で模索し、つくりだそうと夢中になっている。こんな会社が日本にあること自体が、世知辛い世の中の大いなる救い、展望の開けない時代の明るい希望である。

五十周年記念事業は、ＤＡＣグループの創業百周年への道でもある。石川代表が後進に道を譲った後、例えば十年後、二十年後、さらには五十年後の百周年に「あのときは、こうだったなあ」という記念すべきメモリアルとして未来につなぎ、後世にＤＡＣイズムを伝える大切なメッセージなのである。

第
2
話

目標は世界No.1 EVカンパニーを掲げる「テラモーターズ」

徳重徹　社長

❖創業二年足らずでEV（電動輸送機器）バイク業界トップに躍進
❖日本から世界を目指すシリコンバレー型ベンチャー
❖ベトナム工場を新設、世界を驚かせるEVバイク生産が始まる

停滞を続ける日本経済に一番足りないものは起業家精神かもしれない。大学受験の失敗を契機にベンチャー精神に目覚めたテラモーターズの徳重徹社長は、二十九歳で

渡米。ＭＢＡを取得し、シリコンバレーで修行を積み、創業二年足らずで業界トップになる。「単なるベンチャーではなく日本の技術を世界で展開する」ために、ガソリン車で成功した大企業がＨＶ（ハイブリッド）車に走る中、世界No.１ＥＶカンパニーを目指す。

ＥＶ革命の時代

「目標は世界No.１ＥＶカンパニー」を掲げ、電動バイクの開発・製造・販売を行っているテラモーターズ株式会社（徳重徹社長）は、現在、もっとも注目されている若きベンチャーの一つである。二〇一〇年創業ながら、翌二〇一一年に国内で約三千台を売って、業界最大手に躍り出た。当然、メディアをはじめとした各界からの注目度も高い。特に、ベンチャーの弱点である資金調達面での実績も飛び抜けており、同十月にはみずほキャピタルやソニーの井出伸之元会長などから総額二億円強の融資を募って、業界のニュースになっている。

二〇一二年二月にはジャパン・ベンチャー・アワード２０１２の中小企業庁長官賞を受賞。同賞は社会性・先進性・革新性・地域性・国際性・技術性などに優れた事業を行い、リスクを恐れず挑戦する起業家を表彰する独立行政法人「中小企業基盤整備機構」が主催する賞であり、テラモーターズの受賞は創業当時から世界市場を想定のうえ、ＥＶバイクの製造販売に挑戦し、短期間で、安全性・メンテナンス・安定供給体制を確立した点と、今後の大きな成長が期待される点が評価された。

最初のヒット商品、SEEDシリーズ

業界トップだけあって商品構成も、主力商品の一般用電動バイク「ＳＥＥＤ」（九万九千八百円〜）、業務用の「ＢＩＺＭＯ」（二十九万八千円〜）、そしてシニア用の「アクシア」（二十四万九千九百円）と、ラインナップも充実している。だが、自動車、特に二輪車の世界と言えば、ホンダ、ヤマハ、スズキ、カワサキなど、いわば日本のお家芸である。ガソリン車とは異なるＥＶとはいえ、彼らを差し置いて、なぜ創業二年で業界トップの座に躍り出ることができたのか。

ちょっと不思議な気もするが、世界のＥＶベンチャーを見たとき、二〇〇三年にアメリカで設立されたテスラモーターズの創業者はIT分野からの転身組である。テスラモーターズはすでに時価総額三千億円を超えて、日本のヤマハに匹敵する大企業になっている。動力源がガソリンから電気になることによって、自動車産業と非自動車産業の垣根が取り払われたことで可能となったテスラモーターズの躍進は、そんなEV革命の動きを先取りする、典型的なモデルなのである。

あらゆる産業面での電動化が産業構造の激変を促すとして、全世界で開発競争が続けられる中、巨大な自動車市場を巡って、二〇一二年は「電動化時代の幕開け」と言われている。

日本でも同年一月の新車販売台数に占めるハイブリッド車（HV）の割合が、前年末に復活したエコカー補助金を追い風に、初めて二割を超えている。日本カー・オブ・ザ・イヤーを受賞した日産自動車の電気自動車リーフの広告も目立つ。

そうした中でのテラモーターズの成功は、実は徳重社長の半生における失敗とも言える挫折と変遷があってのことであり、背景には大きな成功体験が時代の転換点におけるチェンジ・チャレンジ・イノベーションを困難にするという大企業の宿命とも言える落とし穴がある。

一体、EVの世界で何が起こっているのだろうか。

起業家精神との出会い

人生における成功とは何か。それは人それぞれの価値観によって異なる。二〇一二年一月、四十二歳になった徳重徹社長が最初に教え込まれた「成功」は、父親の考えたものである。

山口県上関に生まれた徳重社長は、大企業のサラリーマン生活を送ってきた父親から、「勉強して、いい大学に入って、いい会社に入る。いいか、それがお前の成功なんだ」とずっと言われてきた。

そんな彼の転機は、大学受験での失敗。受かると思った志望校に落ちた彼は「何でこんな田舎町に住んでいるんだ。塾や予備校のある都会だったら、一年前から勉強していたのに」と、豊かな自然の中でノンビリ過ごした少年時代を後悔した。

だが、しょせんそれも単なる負け惜しみでしかない。やがて、すべてを人のせいにしていた自分に気がついて、彼は少しずつ変わっていく。きっかけとなったのが、一浪して予備校に通うために広島で始めた独り暮らし。そこで彼は挫けそうになる弱い自分を変えるため、勉強の合間にいろんな本を読み出した。

自分を鼓舞するため、自己啓発の本を読んでいく中で、彼の心を捕らえたのは逆境に打ち勝ち成功を手にした企業家たちの物語であった。シャープの早川徳次、パナソニックの松下幸之助、ホンダの本田宗一郎、ソニーの盛田昭夫そして受験に何度も失敗した京セラの稲盛和夫たちの起業家精神、生き方に勇気づけられたという彼は「成功するということは、失敗しても諦めずに、そこまでやれば失敗にはならないということを教えられた。それが私の中ではかなり大きくて、浪人生活のおかげで精神的にも強くなれたし、自分が企業家としての生き方に関心があることを発見できた」と振り返る。

だが、それは大企業で働いてきた父親には無謀な試みでしかなかった。企業家に憧れる息子に、頑固で厳格な父親は「自分で会社をやることは、絶対にダメだ」と言った。父親が大企業にこだわるのは、祖父が田舎でかなり手広い商売をしていたのだが、石炭から石油へと移行する時代に産業構造が変わっていく中で、諸般の事情から倒産の憂き目にあって、当時、中学生だった父親には苦労を余儀なくされた苦い経験があったからである。

そんな父親の下で育った彼は、進学した九州大学工学部でも父親から言われた応用化学科を選択する。地元に化学会社が多かったからである。ところが、やはり授業よりもビジネス書のほうが面白い。

「試験管を振るよりも経営の本を読んでいた」という彼は、ホンダやソニーに惹かれて、グローバルな仕事をしたいと思い、卒業後の進路についても、世界を舞台にする企業か商社を考えていた。だが、父親と大ケンカになり、結局、ある大手通信企業を受けた。

九大から毎年、何人も受かっていて、取り立てて難関ではない。しかも、企業家を目指す彼は他の学生たちと比べても、はるかにやる気があった。だが、筆記試験から一次、二次面接と進んでいくに従って「どうもちがうんじゃないか。大企業ではメチャメチャやる気のある起業家精神は、あまり歓迎されないんじゃないのか」と思えてきたという。大企業が求めているのは起業家精神ではなく、彼が嫌っていたプロの自覚に乏しいサラリーマンとしての資質のほうだったと気づいて、彼は二次試験で止めてしまった。

すでに、大半の試験は終わっている中、結局、彼は住友海上火災保険に入社する。もともと損保に入ってくる人物の大半は、安定した給料が保証されているからというものだが、そんな中でも最初から経営の中心的な部隊に配属されて、仕事は面白かったという。大企業の世界を知り、グローバルな企業を目指す上では、大いに勉強になった。

だが、三年が過ぎて四年目になり、会社全体のことがわかってくると、やがて自分が求めている生き方、ビジネスに対する考え方とのちがいが見えてくる。

もともと損害保険がやりたくて就職したわけではなく、海外に行きたい、ベンチャー企業をやりたいというのが彼の原点である。一年ほど悩んだ彼は、二〇〇〇年、二十九歳の時、家族に相談することなく、会社に辞表を提出した。ベンチャーを目指すのであれば、シリコンバレーを知るべきだと考えた彼は、米国アリゾナ州のサンダーバード大学に留学し、ＭＢＡを取得する。

シリコンバレーの力

シリコンバレーはベンチャーを目指す当時の彼にとっては、野球の世界でいうメジャーリーグのようなもの。ベンチャーの聖地シリコンバレーで、彼は休眠会社を任されたのを出発点に、いつくものベンチャー支援の事業を行った。ＩＴ関連の技術を生かした音声圧縮技術、アルゴリズムや暗号技術などのベンチャーのハンズオン支援により、さまざまなベンチャー企業の経営に携わり、コンサルタント的な立場から、ベンチャーの長所短所を知る貴重な経験を積んだ。

彼が五年ほどシリコンバレーで働いたのは、日本がもともとあまり好きではなかったからでもある。日本的経営の良さでもある年功序列やしがらみの多い環境などが、若い彼にはもどかしかったのだろう。だが、海外に出れば、誰もが一人の日本人としての自覚を促される。それだけではなく、否応なしに日本の歴史、文化について学ばされる。

その結果、よくあるベンチャー志向の若者から、真の起業家へと大きく脱皮することになる。

実際に、シリコンバレーで学んだことは多い。日本でのベンチャーは最近でこそ、いろんな面で注目され、評価もされているが、いまだにまともな企業と見られない面も少なくない。その点、シリコンバレーでは若い徳重社長のもとに日本から経済産業省のキャリアや大企業の役員連中が、シリコンバレーのやり方について教えを請いにやってくる。

そんな体験を通じて、彼はシリコンバレーの力、即ちベンチャーの持つ可能性を教えられ、ベンチャーの使命について考えさせられることになる。

「シリコンバレーで働いていると、その中の一つが大きく成長していって、雇用を生み、税収を生み、現実に国を引っ張っていく、すごい世界がある」と、当時の驚きを語る。

シリコンバレーで、そうした国を動かすベンチャーが次から次へと生まれるのを目の当たりにした彼が、一方の日本の現実に目を向けると、相変わらず、財政赤字に悩み、大企業も身動きができないまま苦しんでいる。そんな日本の現実に「昔はベンチャーが好きでやっていた趣味の世界というか、自分だけの世界だったものが、そのまま日本の置かれている状況を打破する原動力になる」ということを、自分のこととして考えるようになる。

そして「財政再建のために歳出カットや消費税などの増税も必要だとしても、それって企業で言えばリストラですよね。でも、リストラだけだと、何というか夢がない」という彼は、日本でベンチャーを展開する道を模索する。昔、彼が読んだ松下幸之助の本には、大恐慌下の苦境を松下電器は一人のリストラもせずに乗り切ったことが、その後の成長の原動力になったと書かれていた。有能な経営者はリストラ以外の道を探るべきであって、リストラは無能な経営者でもできるからである。

ベンチャーの使命

シリコンバレーの力を知り、ベンチャーの使命に目覚めた彼は、その可能性を最大限に生かすことができる価値ある技術を、必死に捜し求めた。

そんなある日、シリコンバレーの連中にいろいろ聞いて回ると「ＩＴをやっていた連中がみんな電気自動車とか、ＥＶのほうに行っているよ」と言われる。実際に調べて、日本の技術や市場の大きさなどを考えた時、ＥＶに着目したのは「単なるベンチャーではなく、日本の技術を世界で展開できるベンチャー、イノベーションを起こせるものをやりたかった」という彼の思いと一致して、今日に至るわけである。

具体的な展開に関して、彼は米国のベンチャーの良さをできるだけ取り入れたいと考えた。例えば、優秀な連中が集まってワクワクしながら仕事をこなしている、そんなワクワク感のあるベンチャーである。同時に、起業家精神と戦略的思考を兼ね備え、ビジネス的視点を持ったベンチャーである。

その意味では日本のベンチャーが不得意とする資金面や人材面、事業の構想力、スピード感なども含めて、テラモーターズは日本にも誕生したシリコンバレー型ベンチャーの先駆けでもある。そんなテラモーターズの起業までの徳重社長の軌跡は、今日の日本の企業風土を考える上で、非常に興味深い。失敗や挫折を経て、シリコンバレーに行って、ＥＶベンチャーへと至る。その意味では、失敗は後の起業のためには避けて通れない道であった。

逆に、ＥＶバイク市場については、ホンダその他大企業がすでに成功しているがゆえにガソリンからＥＶへの移行の足かせになっているという意外な実情もある。

成功は失敗のもと？

もともと損保会社出身の徳重徹社長率いるテラモーターズが、なぜ名だたる日本の二輪車メーカーを差し置いて、創業二年足らずで業界トップに躍り出ることができたのか。その決定的要因は、時代の変革期に必要とされる起業家精神であり、実は自動車、二輪車業界とは無縁の素人であるため、基本的に何のしがらみもないことであった。

「失敗は成功のもと」とは言い古された警句だが、例えば企業の栄枯盛衰、技術の革新について見た時、逆に成功は失敗のもと（？）という面もある。成功体験が大きければ大きいほど、成功に引きずられる形で、次への変化に後れをとる。

事実、アナログからデジタルへ、あるいはインターネットの普及といった大きな産業構造の変化のうねりが、かつて世界を席巻した日本の電機メーカーを苦境に陥れている。成功が足かせとなり、イノベーションに遅れを取った結果である。

圧倒的な強さを誇ってきた自動車でも、韓国その他新興勢力に追い上げられている。独壇場である二輪車市場でも他業界の二の舞を演じることになりはしないか。

ベンチャーの使命感を深く自覚する徳重社長は「自動車でも、電機と同様、強さゆえに逆にまずいんじゃないのか。他の国にいいようにやられてしまうんではないかと思って、大企業ができ

ないのであれば、それは日本のベンチャーがやっていくしかない」と、ＥＶベンチャーへの取り組みを語る

テラモーターズ創業以前から、アメリカではテスラモーターズなどの電気自動車メーカーが躍進を続けていたが、日本ではトヨタのプリウスをはじめハイブリッド（ＨＶ）車への取り組みが目立つ。二輪車も、相変わらずエンジンバイクのシェアが高く、電動バイク市場はいまだ揺籃期で、市場も小さい。

なぜ世界を相手にビジネスを展開する日本の自動車、二輪車メーカーが、新興のテスラモーターズの躍進を指をくわえて見ていたのか。なぜＥＶではなく、ＨＶ車の開発だったのか。

電動バイクがガソリンエンジン製のものと大きく異なる点は、部品の数が四分の一ですむこと。従って設備投資も少なくてすむ。単純に考えれば、大メーカーにとってもいいはずだが、現実にはそうは行かない。ベンチャーには都合が良くても、部品数が四分の一になるということは、それだけ部品メーカーが要らないということだ。下請けの四分の三が要らないとなれば、労働環境面でも影響が大きすぎる。

しかも、メーカー自身、エンジン系の技術者が必要なくなる。というのも、ガソリンエンジンとＥＶでは、まったく分野がちがうため、それまでのクルマづくりの技術が役に立たない。結果的に産業構造が変わるほどのドラスティックな変化が要求される。

トヨタやホンダがＨＶ車の開発に力を入れるのも、大企業ならではの意外な社内事情・業界事情がある。ガソリンエンジンの技術を生かしつつ、ＥＶ技術の研究開発にもつながるＨＶ車は、彼らにとっての苦肉の策のようにも思える。

その間隙をぬってのテラモーターズの躍進は、かつてホンダが二輪車から四輪へ転身し、Ｆ１への参加など、世界へ飛躍していった姿に重なってみえる。同社もまた新たなフロンティアを拓くべく、ＥＶバイクの世界No.１ベンチャーへ、その確固たる一歩を踏み出したところなのである。

ＥＶバイク市場

ベンチャー成功の条件は、第一には技術だが、同時に立ち上げるための資金そして技術および経営面でのパートナーの存在が欠かせない。要するに、モノ・カネ・ヒトという点では、すべてのビジネスに通じる。その点、現在のガソリンからＥＶへという時代の流れが大企業のチェンジ・チャレンジ・イノベーションを難しくしている現実は、逆にＥＶベンチャーにとっては追い風でもある。

人の面では、もちろん技術面のパートナーが欠かせない。その点は「ラッキーだった」というが、ハローワークを通じて、元大手自動車メーカーのバイク好きなエンジニアを紹介された。大手自動車メーカーではＥＶの将来性にかける技術者の思いを、そのままくみ取れないことから、テラモーターズの創業時に参画した。同様にメーカーでEVを手掛けてきた人たちが、自分の技術を生かす道を求めて、テラモーターズにやってくる。

さらにはアジアから世界を視野にグローバルな展開を考えた時、画期的な技術、時代のコアとなる技術は、画期的であるがゆえに、新たに市場を創造し需要を喚起していかなければならない難しさ、リスクがある。その点「もともとマーケットのないところで勝負するつもりはなかった」という徳重社長にとって、二輪車市場は今後も確実に需要が見込まれる分野である。

シリコンバレーから日本に戻った彼は、ベンチャーを立ち上げるにあたって、最初に中国市場を見てビックリする。中国ではEVバイクの数が、ガソリン車よりも多かったのである。

中国のEVバイクの年間生産台数は約二千万台と言われている。まさにEV天国だが、その実態はいかにも中国らしい、とにかく安ければいいという「売り切り」型が基本。故障やメンテナンスなど問題も多くテラモーターズのライバルではない。

アジアにおけるガソリンの二輪車市場を見ると、中国はおよそ五百のメーカーが乱立していて、日本メーカーでさえ一〇%のシェアもないという特殊なマーケットである。だが誰も勝ち組が存在しない中国とその影響力の強いインドを除くと、インドネシアなど他のアジア圏では日本メーカーがおよそ九割のシェアを持っている。その意味では日本ブランドは健在である。しかも、他の商品では日本の最大のライバルである韓国勢がほとんど存在しない。日本のEVベンチャーにとって、チャレンジに値する市場なのである。

テラモーターズの創業は自己資金二千万円からスタートした。資金調達についても、有力投資家、ベンチャーキャピタルの賛同を得て、順調に行っている。

「事業の社会性に共感してもらって、事業計画書などの細かな数字などを見ずに、その場で出資を決めてもらったケースもある」というが、それは徳重社長の強い情熱と起業家精神および彼がチャレンジするＥＶバイク市場がベンチャーに相応しい典型的な事業だということが、よくわかるからでもある。

ベトナム工場

テラモーターズの主力商品のＳＥＥＤシリーズは、九万九千八百円からと「電動バイクは高い」とのイメージを覆して、環境を意識した法人や個人に受け入れられた。３・11後のガソリン不足も追い風となり、好調なスタートを切ったテラモーターズだが、日本での電動バイク市場を創造していくためには、商品力と同時に販売網およびアフターサービスが不可欠である。

電動バイクの技術、商品開発は日進月歩の勢いであり、二〇一二年スペインのバルセロナで開かれた携帯電話見本市（ＭＷＣ）ではスマートフォンをバイクのキーに使う展示が登場していた。テラモーターズでも、三月に非常時に１２Ｖの電源が取り出せ蓄電池として使える特別オプション付き電動バイクを限定発売した。車体そのものが蓄電池として使える電動バイクの販売は、国内初である。そして、いかにもテラモーターズらしい、EVバイクならではの新商品の提案を行う。

「EVバイクを従来からあるガソリンバイクにいかに近づけるのかという発想ではなく、ガソリン車にはない新たな価値をいかに付加するか。ソニーのウォークマンやアップルのiPodなどが登場してきた時のような驚きのある、そんな何かを提案したい」

それがどのようなものになるのかが楽しみだが、例えばスマートフォンとネットワークでつながるとか、GPS機能を取り入れた機能で世界をアッと言わせるのか。その先には、やがて上場も見えてくるが、「上場することが目的ではないので、この二〜三年のうちに世界にインパクトを与えられるような製品なり、サービスを提供して、日本のベンチャーでもグローバル市場に打って出ることができるんだということを示したい」と、その志は高い。

販売網についても既存のバイクショップはもちろん、当初から家電量販店、そしてテレビショッピング、ネット通販などを利用。当初は苦労したというが、その後は順調に展開している。メンテナンス面でも二〇一二年二月、全国五千店舗のサービス網を持つニッポンメンテナンスシステム・(伊藤光治社長)と業務提携、テラモーターズの販売したバイクのメンテナンスを請け負うことになった。アジアにおける二輪車市場で日本ブランドの人気の背景には、メンテナンス体制が整っているという安心感もあり、有力なメンテナンス会社との業務提携はテラモーターズにとっても重要な将来への布石である。

生産体制に関しても、中国の協力工場に社員二人を常駐させ、既存の部品を活用しながら生産している。だが、自社工場を持つ必要があることから、ベトナムに進出。現在建設中の自社工場が二〇一二年秋に完成する。

経済成長著しいベトナムは、交通渋滞がひどく富裕層でも渋滞を悪化させる四輪車に乗るのははばかられる状況にある。そのため日本円にすれば三十～四十万円する高級バイクが飛ぶように売れている。排ガスなど、環境問題も生じている中で、ＥＶバイクのニーズも十分に見込まれるため、市場としても有望である。工場の稼働とともに、同国での販売だけではなく、アジアにＥＶバイクを展開していく上での重要な拠点になる。

このベトナム工場で生産されるＥＶバイクこそが、イノベーションを掲げて世界にインパクトを与えたいというテラモーターズ社ならではの新機種だという。

坂の上の雲

「私は、日本から新しい事業モデルをつくりたいとの思いはあるんですけど、もともとあまりお金に興味がないので、起業家を目指したのもお金儲けが目的じゃないんです。韓国でも台湾でも自国の市場が小さいところはみんな海外に出ていって実績を出している。日本では、そこまで考えているベンチャー企業がほとんどない。でも、誰かが成功事例をつくれば、それについてくる人はたくさんいるんじゃないかなと思って、その一つのきっかけになればいいと思う」と、徳重社長はＥＶベンチャーに賭ける思いを語る。

そんな自らの使命を、彼は幕末から明治維新にかけて活躍した郷士の偉人、吉田松陰や高杉晋作らの若き志士になぞらえる。

明治維新後、近代国家への階段を上がっていく日本で、自ら国を担う気概を持って生きた当時の青春群像を、司馬遼太郎は「坂の上の雲」で描いた。時代の変革は常に旧来の制度が疲弊老朽化し、どうしようもない状況下、そのどん底から始まる。そんな時代に必要とされるのが、明治維新に顕著だった起業家精神だと信じて、彼は「坂の上の雲」の若き志士たちを思い浮かべ、閉塞感のある日本を変えようと試みる。

「今の日本は幕末に似ている」という徳重社長は「情熱と狂気が時代を創る」との吉田松陰の言葉を座右の銘にする。現在の日本を根本から変え、日本の力を復活させるためには狂気に至るほどの情熱が必要だとの思いがあってのことだ。彼の言葉では、より現実を踏まえた情熱と起業家精神、パッションとロジックということになる。

やがて「アメリカにはテスラモーターズがあるが、日本にはテラモーターズがある」と言われるようになる日を目指して、徳重社長率いるテラモーターズは世界№１ＥＶベンチャーへの階段を大企業にはないスピードで駆け上がりつつある。

❖　❖　❖

満を持して全世界へ販売開始

技術革新の世界の動きは早い。ＨＶ（ハイブリッド）車の普及とともに、次世代自動車として期待されるＥＶは、時代の要請とあって、各方面で注目されているばかりでなく、普及のための急務となっている電池の小型軽量化といった技術革新、充電施設の整備などのサポート体制が進行しつつある。

現在、私が住んでいる新潟はＥＶ先進県である。何気なく見ていても、新聞など、各メディアでＥＶが取り上げられる機会が、非常に多い。

新潟県は二〇〇九年にＥＶ・ＰＨＶ（プラグイン・ハイブリット車）に先進的に取り組む「ＥＶ・ＰＨＶタウン」に指定されており、今年三月、ＥＶの普及に取り組む群馬・埼玉と国道十七号線を「電気自動車に優しい道路」としてアピールするため、愛称を募集。四月には新潟市中央区の朱鷺メッセで次世代自動車展「ＥＶ・ＰＨＶサミット」を開催し、新潟・埼玉・群馬の三県の知事が参加、十七号線の愛称も「17エコ夢ライン（イーナエコムライン）」に決まった。

民間レベルでも、二〇一一年に「地球温暖化防止活動環境大臣表彰」を受賞して全国的に注目されているベンチャーEVｈｏｎｄａ（長岡市）が「自動車メーカーのEVより、手作りEV」とのキャッチフレーズで、改造EVの普及活動を展開している。

もちろん、二輪に関しても、五月には地元紙「新潟日報」が「環境に優しくすいすい」「電動バイクでお出掛け」といった見出しで、記者の誌上体験レポートともに、大きく紹介している。

海外に目を向けても、EVは時代の要請とあって、充電方式をめぐる日本と米独方式の対立などもある中、アメリカのEVベンチャー・テスラモーターズとトヨタ自動車が、共同開発したEVを米カリフォルニア州で発売すると発表するなど、実に目まぐるしい動きが世界で展開されている。

雑誌掲載後のテラモーターズの動きもまた、目まぐるしいものがある。すでにベトナム工場を建設しており、ベトナムでのパートナー企業も決まって、二〇一三年には現在開発中の戦略車体の新シリーズで、満を持して全世界へ販売開始する。

その目指すべき成功の姿が注目されるが、彼が起業家精神を学んだ松下幸之助のパナソニックに限らず、早川徳次のシャープ、盛田昭夫のソニーなどの苦境が伝えられている。成功は失敗のためにあったかのようである。

作家・司馬遼太郎は『「明治」という国家』の中で、明治維新を推進した長州藩について、薩摩などとは明らかに異なる気質を「長州人タイプ」なる表現で説明している。

「頭がよく、分析能力をもっている。また行政能力にすぐれ、しばしば戦略的でもある。権力の操作が上手で、とくに人事の能力に長けている」といった具合である。

徳重社長が彼のいう長州人タイプかどうかは軽々には断定できないが、その志とともに共通する部分は少なくない。

事実、テラモーターズは徳重社長がいう「社員はみんな他社の四倍働いている」といった若き情熱と勢いが、最大の推進力となっているようだ。

「道場みたいだなって、社内でよく言っているんですけど、この会社で切磋琢磨して、例えば十年後、会社も大きくなって、本人も力がついて、それに見合うお金もできたときは、スピンアウトして独立していってもらう。思うに、日本には真のアントレプレナーが少ない。それにはやはり、実地経験やトレーニングが必要で、その部分をテラモーターズが担えれば、非常にうれしい」

真のアントレプレナーが続々と誕生することで、行き詰まっている現在を打開する力になるはずだというわけである。

テラモーターズがベンチャーの松下村塾的な存在として、多くのアントレプレナーを生み出していける場でありたいという、現代の吉田松陰、高杉晋作を目指す徳重社長の今後に期待したい。

第3話 世界初の人工太陽照明灯を開発した「セリック」

佐藤　泰司　会長

❖世界一のサーチライトを研究開発する
❖万病に効く医療器具「光線治療器」を開発
❖日本でしかできないモノづくりを目指す

モノづくりの得意な少年がメーカーの技術者となって、八百四十八もの新商品開発をするのだが、自分の好きな、本当にやりたい研究開発のために脱サラ。既成概念にとらわれず、発想の転換をすることで、小さいながらも世界一の技術を目指して、世界初の人工太陽照明灯を開発するなど、大企業にはできない画期的な商品を次々と完成させていく。

二つのノーベル賞

二〇〇二年、暗くて出口の見えない経済、社会状況が続く日本で、カミオカンデでニュートリノを捕らえた小柴昌俊・東大名誉教授とたんぱく質の質量分析法を開発した民間のサラリーマン研究者・田中耕一氏によるノーベル賞のダブル受賞は、久し振りの明るいニュースとして話題を呼んだ。科学・技術の世界の進展は目覚ましいものがあるが、科学的な発見がどう実用化され、ビジネスになっていくのかを考えたとき、対照的に見える二人の業績は興味深い。

セリック株式会社（佐藤泰司会長／当時社長）を紹介するにあたって、ノーベル賞を持ち出したのは他でもない。同社の主力商品である人工太陽照明灯には、これまで二つのノーベル賞が深く関わってきているからである。

もともと人類は太陽の恩恵なくして生きてはいけないため、古くから人工的に太陽の光を手に入れようと、多くの先人たちが取り組んできた。その中で、太陽光線の力を医療・健康に役立てようとして開発されたのが、カーボンアーク灯であった。

開発者であるデンマークのニールス・フィンセンは、カーボンアーク灯を用いて数々の光線治療を行い、一九〇三年にノーベル医学生理学賞を受賞した。また、三八年にはドイツのアドルフ・ウィンダウスが太陽光線に含まれる紫外線がコレステロールに作用してカルシフェロール（ビタミンＤ３）に変わり、強力な抗くる病効果を持つことを解明してノーベル化学賞を受賞している。

太陽光線の威力がわかっていながら、これまで完璧な人工太陽照明灯がつくられなかったように、カーボンアーク灯も波長的には実際の太陽光線とはまったく異なるものであった。セリックはその太陽光線の研究に取り組んで、世界で初めて人工太陽照明灯の開発に成功した画期的な研究開発型企業なのである。

世界初の人工太陽照明灯

人工太陽照明灯によって、多くの業界・業種に寄与してきたセリックでは、照明以外の分野でも、二〇〇二年十一月には安定化二酸化塩素を用いた空気除菌消臭装置「デライザー」を発売。独自の技術により、その安全性が世界で認められていながら扱いにくかった安定化二酸化塩素を用いて、小型・低廉化を実現した装置として脚光を浴びている。

技術力で世界をリードするセリックは、小さいながらも常に世界一を目指してきた。そんな同社の姿勢は、電子の形を表した会社のマークに象徴されていよう。そこには「電子は非常に小さな物質だが、大変大きなことができるとともに、素晴らしい働きをする。この電子のように、小さいながらも社会に役立つ素晴らしい仕事をしたい」との願いが込められている。その技術力の高さは、まさに電子の働き同様、小さな世界企業のものというわけである。

先輩からのスカウト

セリックの創業者である佐藤泰司会長は、一九三九年（昭和十四年）十一月、岩手県一ノ関市に生まれた。家では農業の傍ら、米の脱穀や小麦の製粉など農産物の加工業をやっていた。さまざまな機械に囲まれて育った彼は、幼いころからモノをつくるのが好きだった。

中学時代には模型飛行機をつくって、滞空時間の競争に熱中したこともあった。「通常は二十～三十秒で落ちてくるゴム動力飛行機で、私は七分二十秒という記録を持っています」と、目を輝かせる。

そんなモノづくりが得意の少年がもっとも熱中したのが、ラジオづくりであった。少年向け科学雑誌に出ていた鉱石ラジオの作り方を見て、自分がつくったラジオから聞こえてくる音に感動した彼は、やがて真空管を使った三球ラジオや五球スーパーラジオを配線図を頼りにつくりあげたという。

やがて、佐藤会長は一九五八年、地元の黒沢尻工業高校電気科を卒業すると、日立製作所に就職。設計課に配属された。研究熱心な彼は、仕事の終わった後、専門学校に通って、三年ほど機械工学の勉強をした。

日立では同じ設計でも、電気設計と機械設計とで部署が分かれていた。佐藤会長は電気と機械の両方を学んでいたため、ずいぶんと重宝がられた。実際、珍しい商品開発を担当する機会が多かったという。

照明器具との出会いは、漁業用サーチライト（探照灯）の開発に携わったことに始まる。それも「世界一」のものの開発に取り組んだ。世界一というのは、いかに遠くまで光が届くかということであった。性能が高ければ高いほど漁獲量に差がつくため「世界一」のサーチライトはよく売れたそうだ。サラリーマン時代に七十件以上の特許を出願、開発した商品の数は細かいものまで入れると八百四十八件に上った。

その彼が一九八四年に脱サラし、セリックを創業することになったのは、直接は日立の先輩から「ある会社にこないか」というスカウト話があったからであった。同時に、サラリーマンである限り、会社の仕事が優先されるため自分のやりたいことができないという現実もあった。

人工太陽照明灯を開発するきっかけは、佐藤会長が中学生の夏休み。その最後の夜に、白熱電灯の下であわてて宿題の絵（風景画）を描いた。翌朝、その絵を見て彼はビックリする。自分が思い描いていた色と、かなり変わっていたからである。「色は自然光と白熱灯では見え方がちがう。やはり、自然の光、太陽の光が基準なんだ」と気がついた彼は、それから数十年、いつか太陽光と同じ光の照明器具をつくれないかと考えていた。

社会人になり、電器機器の開発に携わるようになった彼は、やがて少年の頃から思い描いていた人工太陽照明灯の開発を決意する。

長い研究開発の過程でわかったことは、色彩を正確に見るには太陽光が一番なのだが、夜間や暗い室内では蛍光灯や白熱灯に頼るしかない。そのため、画家やデザイナーは光で困っているという現実であった。それ以外にも、太陽光に近い光、照明が欲しいとのニーズは、さまざまな分野にあったのである。

もちろん、エジソンが白熱電球を発明して以来、人類は自然光に近い照明器具を求めて技術開発を続けてきた。実際に、人工太陽光線、自然光を謳うものはあっても、本当に太陽に近いものはなかった。

車両ナンバー読取装置

本格的に人工太陽の研究に取りかかる中で、数々の特許と新製品開発に携わってきた佐藤会長のもとには、いろんなところからさまざまな相談と依頼が寄せられてきた。

そんな一つで、われわれにもなじみが深いのは、全国の高速道路などに設置されている「車両ナンバー読み取り装置」であろう。当時はグリコ森永事件が起きて、グリコ社長が誘拐されたときに、犯人たちが移動手段に盗難車を利用した。

そこで、警察庁では路上を走るクルマを全部チェックできる装置をつくれないかと、民間企業に開発を依頼した。大手三社が取り組むことになったのだが、そのうちの一社から「何かいいアイデアはないか」と、佐藤会長に相談があったのだ。

雨の日もあれば、昼も夜もある。渋滞の中でも読み取れなければならない。二十四時間どんな条件でも読み取るとなると、大手企業でも開発するのは難しかった。

困っていた大手企業の担当者に、佐藤会長は二つ返事で「そんなの簡単だ」と答えた。「ホントか？」という相手に、彼はサーチライトの開発をやった経験から、赤外線を使えばできると提言したのである。

その結果できたのが「車両ナンバー読み取り装置」であった。ナンバーが読み取れるのならば、同じ原理を使えば、スピード違反の取締りもできる。実際に「スピード違反の取締りもやってしまおう」という意見が出ていたという。

そのとき、佐藤会長は「スピード違反の取締りにだけは使わないでくれ」と、一ドライバーとして強硬に反対した。理由は「自分も捕まってしまうから」である。結局、開発者である佐藤会長の頑張りによって、スピード違反の取締りはやめたという後日談もある。

変わったところでは、銚子の水産加工場からの依頼で、魚類整列機および魚類サイズ選別機の開発にも取り組んでいる。

魚類整列機というのは、市場に上がってきたイワシやサンマ、サバなどの魚をベルトコンベアーに乗せ、ある機械を通すと、きちんと頭と尻尾が並んで出てくるという装置である。通常は手作業であるため、箱詰めに大きな時間と人件費がかかった。特に、開発のきっかけとなったのは、マグロのはえ縄漁のときに、エサのイワシを次から次へと針につけていくには、箱の中に頭が並んでいないと間に合わないためであった。結局、佐藤会長は徹底的に魚の特徴と性質をつかむことによって、世界で一つしかない機械を完成させたのだ。

魚類整列機がうまくいって、次に頼まれたのが、魚類サイズ選別機であった。とりあえず、選別機で大中小の三段階に分けたいということで、同様の依頼は大手企業にもいっていた。大手が手がけてきたのは、画像処理技術を使ったハイテク仕様のものなのだが、処理するのに一〇秒以上かかってしまう。

一度に三〇トンもの大量の魚が運ばれてきたとき、一匹に一〇秒もかけてはいられないのだ。そこで、佐藤会長は回転ローラーを並べて、魚が一・五メートル進む間に、ローラーの間隔が広がっていって、小さい魚から順に中型、大型と落ちていくような設計にしてサイズ線別機を完成させた。

太陽光線をつくる

車両ナンバー読み取り機はともかく、漁業用のものはなじみがないが、佐藤会長は従来の原理に捕らわれず、発想の転換をすることによって、いずれも大企業ができなかった画期的な商品を完成させてきた。そうした研究開発と同時に、常に佐藤会長の頭から離れなかったのは、そもそもの脱サラのきっかけとなった「太陽光線を自分の手でつくりたい」という思いであった。

だが、人工太陽照明に関する研究開発もまた、試行錯誤が続いた。

太陽光線に近い光をつくるには、どうしたらいいか。まずは、どういう光源にするかが問題であった。もちろん、現在使っているキセノンランプがいいということはわかっていたのだが、技術的にクリアしなければならない問題が多かった。そのため、当初は別の光源を用いることから実験を始めた。

さまざまな実験を繰り返した結果、最後に残ったのはキセノンランプであった。そのキセノンランプを用いるには、まず自分の熱でガラスにヒビが入ってしまうという問題を解決しなければならなかった。膨張率の関係で、ガラスにヒビが入るため、キセノンランプを使うには冷却用のファンが必要になるのだが、照明器具に冷却ファンをつけるわけにはいかない。何とか自然空冷できる方法はないか。佐藤会長は、結局、筒の中で自然対流が起きるように仕切りの円盤を斜めにすることによって、熱の問題を解決した。

さらに、当時はキセノンランプを点灯させるための電源装置が、三キロもあった。そんな大きくて重たいものがついた照明器具などナンセンスなので、いかにして小型化するか。発想を変えて、周波数を上げることによって、電源を小型化していった。ちょうどそのころＩＣが登場してきたこともあって、小型化できたことが人工太陽実現のための、大きなポイントとなった。

あわや失明の危機？

いくつもの課題を乗り越え、プロトタイプといえる人工太陽照明灯ができたのが、八六（昭和六十一）年四月。その後、光の明るさなどの性能と評価、色彩テストなどの実験を続けていた。そんなある日、朝から実験を繰り返していると目がチカチカ痛くなってきた。キセノンランプは紫外線を含んでいるので、目をやられないようにサングラスを使用しなければならないのだが、佐藤会長は眼鏡をかけているから「かなり紫外線はカットされているはずだ」と、タカをくっていた。

それでも、大事をとって、その日は早めに家路に着いた。本社から地下鉄で最寄り駅まで行って、後はクルマを運転して帰るのだが目が痛くて開けていられない。とても運転などできない状態の中、何とか家にたどりついた。それから奥さんの運転で、大学病院に運び込まれたときには、もう目を開けていられなかった。

「高校受験と大学受験を控えた子どもがいるのに、このまま失明したらどうしよう」「目が見えなくてもできる仕事は何だろうか」

そんなことを考えながら、佐藤会長は「痛いほど盲人の気持ちがわかった」と語る。失明の危機に脅える彼の前に現れた、その日の宿直医は運のよいことに眼科医であった。応急処置が施されて、ようやく目が開けられるようになった彼には、目の前の医者が「神様に見えた」という。

有害な紫外線はカットしなければならないことを身をもって知った佐藤会長は、新たに理想的なフィルターをつくることによって、安全性の問題をクリアしていった。

そんな苦労の結果、一年後の八七年四月、さらなる小型化を実現。現在のものにつながるＸＣ－１００形人工太陽照明灯の完成によって、ようやくセリックは雌伏の時を終え、雄飛の時を迎えることになる。

週刊誌のコラム

小さな世界企業であるセリック株式会社の輝かしい実績の一端は、一九九〇年のジャパンショップ賞（日本経済新聞社主催）、九一年の発明大賞笹川特別賞、九二年の科学技術庁長官賞などの受賞歴を見てもわかるはずだ。ちなみにセリックの佐藤泰司会長の発明賞受賞は一七回を超える。九六年には黄綬褒章までもらった。本格的に売れないうちから、国家褒章までもらって、佐藤会長は「面食らってしまった」と申し訳なさそうな顔をする。

だが、成功への道は意外なところから開けていった。ある週刊誌の小さなコラムに「太陽と同じような光が出る照明器具が開発された」との記事が掲載された。それを東邦大学の臨床生理学研究室の教授が目にして、佐藤会長のところに連絡してきたのである。

当時、臨床生理学の分野では、人間の動脈硬化の研究のために、太陽光線が求められていた。動脈硬化のメカニズムを調べていた、あるドイツの学者が動脈硬化の血管には燐酸カルシウムが蓄積していることを発見したのだが、その燐酸カルシウムを目で見える形にするには、特殊な薬品処理をして太陽光線に当てると浮き彫りになる。そこで自然の光を頼りに研究を進めるのだが、結局は気象条件に左右されるため、風が吹いても埃が舞っても試験にならない。そうなると、年間を通じて十日ぐらいしかチャンスがない。

そこで大学の研究室では、日本を代表する照明器具メーカーに「人工太陽照明灯をつくって欲しい」とお願いした。その呼び掛けに応えて、各社とも「わが社の製品は太陽にもっとも近い照明です」といって持ってくるのだが、調べてみると、どれも反応しない。

そんなときに、週刊誌に人工太陽光線ができたとのコラムが載ったのである。

研究者からの連絡を受けて、佐藤会長は自らセリック製の照明器具を持って、研究室に出向いた。そこで、実際に照明器具を設置して実験をしたところ、二時間後に太陽と同じ反応が出たのである。

その結果、多くのデータを得ることができて、動脈硬化の研究に大いに貢献することになった。それが八八年のＳＯＬＡＸ－１００ＣＷ形カルシウム析出装置の開発となるのだが、さらに製薬業界での動脈硬化特効薬の研究の他、動脈硬化学会、臨床生理学会など、医学研究にずいぶん活用された。

九一年十二月の日本動脈硬化学会において「ヒト大動脈組織障害における組織カルシウムと壁コレステロールの関係」および「超微細組織燐酸カルシウムの検出法並びに装置の開発」を発表しているが、そこには研究者としての佐藤会長の名前も連ねられている。

学会での理論発表

人工太陽照明灯ができる前、写真フィルムメーカーはフィルムの特徴、色の出具合を正しく評価するために、天気のいい日に太陽光のもとで撮影していたのだが、四季の変化のある日本では梅雨時にどうするかが、いつも問題になっていた。実際には北海道や沖縄に出向いて撮影していたのだが、それも担当者が羽田空港に集まって、天気のいいところをその場で選んでいたという、嘘のような本当の話もある。

そんな苦労が人工太陽照明灯の開発によって、必要なくなったのだから、写真フィルムメーカーにとっては、色彩評価の根本を変える画期的な商品であった。

色彩評価ということでは、デジタルカメラも同様である。また、家電業界ではビデオカメラやテレビなどは、デザインの段階から用いられている。とにかく、色に関わる分野では印刷業界はいうに及ばず、町の板金塗装業者、自動車修理工場、デパート、商業施設などあらゆるところで利用されている。

デパートの試着室に入ったきっかけは、老舗デパートの高級紳士服となると、一着三十万から五十万円もする。その高級紳士服ができあがった後、色がちがうということでつくりなおしになることがしばしばあった。苦情の出る割合が一三・六%という数字まで出ていたぐらいで、デパートにとっては無視できない問題だったのである。

化粧品関係でも、例えば口紅だけで百種類以上ある。売れ筋の商品は二十種類程度であっても、百種類以上の色の微妙な変化を評価するには、人工太陽照明灯が不可欠なのである。

理論的な面に関しても、佐藤会長は「色彩を正確に見るための光源とはどうあるべきか」をまとめた「色彩評価用光源の条件」を、一九九三年の色彩工学コンファレンス、九五年の第八回国際色彩学会などで発表し、注目を集めた。

それによると、一つ目の条件が光源の平均演色評価数は一〇〇に近く、少なくとも九六以上であること。二つ目に光源の色温度が太陽光の五〇〇〇～六〇〇〇K（ケルビン）に近いこと。三つ目に十分な照度があることという三条件をクリアしなければならない。言い換えると、セリックの人工太陽照明灯はこの三条件をすべてクリアしているということだ。

学会発表したことで、同社の人工太陽照明灯は国際的にも評価され、アメリカおよびヨーロッパ市場への売り込みも始まっている。

光線治療器の開発

太陽光線の効果は色彩評価および医療面での動脈硬化への貢献だけにとどまらない。古来、太陽の光に病気を治す力があることは、医療の歴史が証明している。

ただ、キリスト教が盛んになった中世以降光線治療が邪道といわれた時代が、数百年ほど続いた。一九世紀半ば、クリミア戦争で多数の負傷者が出た時、看護婦としてロンドンから派遣されたナイチンゲールが傷病兵の治療に当たったことは有名な話である。だが、あまりの負傷者の多さに、病院に収容できなかった傷病兵は、その多くが病院の外で治療をした。そのとき、陽の当たる外で治療をした人間のほうが早く治ったことに気づいたことから、帰国した彼女はロンドンの病院を太陽光線が入る風通しのいい病室に改築した。このことが彼女の大きな功績だったのである。

やがて、医療面でもカーボンアーク灯が病気の治療に大きな効果を上げていたことは、すでに知られていたが、より太陽光線の波長に近い人工太陽照明灯であれば、治療効果も大きいはずである。

そこで、佐藤会長は本格的に医療器具としての太陽光線治療器の開発に乗り出した。といっても、光源自体は基本的に変わらない。安全性、操作性に配慮しながら、厚生労働省の認可を得るために、必要な規格をクリアする形で完成したのが、光線治療器（ＳＯＬＡＸ－７ＢＭ）である。太陽光並みに「万病に効く」と謳うには膨大な臨床データが必要になるため、セリックでは昔から太陽光線に当てると治りが早いといわれていた褥瘡（じょくそう＝床ずれ）や現代病の一つであるアトピーをターゲットに治験を行って、論文の形にまとめた。

それが一九九九年九月、第一回日本褥瘡学会および第七回介護療養型医療施設全国研究会において「褥瘡治療器の開発と臨床」として発表されたものである。ちなみに、人工太陽照明灯照射による褥瘡への治療効果は「著効」「有効」合わせた有効率が七六・五％であり、光線による副作用は認められなかった。また、アトピーに対する治療例でも、人工太陽照明灯の使用前・使用後のちがいを見ると、誰しもその効果を納得してくれるという。

その結果、二〇〇一年七月には同社の光線治療器が薬事法による医療器具「理学診療器具・光線治療器」として、厚生労働大臣より承認されたのである。従来の光線治療器は赤外線ランプ、紫外線ランプ、可視光線ランプ等に細分化された単能器であったのだが、同社製のものはこれら波長帯全域を包含し、一台で三通りの作用効果を持つとともに、単能器では得られない新たな相乗効果も得られるものとなっている。

さらに、医療関係では二〇〇一年七月、歯科用の可視光線照射器（セリック二一）が薬事法による医療器具の認可を受けている。

少数精鋭主義

世界標準のユニークな開発商品をつくり続けてきたセリックだが、実際の社員数はわずか九名（当時）である。将来的にも、佐藤会長は二十～三十名でいいという。もちろん、外注のスタッフは何百人もいるのだが、本社の他に埼玉県越谷にテクニカルセンター（研究所）を構え、さまざまな照明器具、医療器具を手がけてきたことを考えると意外な感じがする。

だが、本社があくまで少数精鋭主義なのはかつて大企業にいた佐藤会長なりの経営哲学があってのことだ。

「何でもかんでも、自分のところで揃えて、自分のところでやる。景気のいいときはいいが、いまみたいな不景気のときには設備が遊んで困ることになる」

実際に、そうした苦労を見てきただけに、脱サラするに当たっては「できるだけ生産設備は持たない」というのが、基本的なスタンスだったのである。そのため、いまも設備は研究開発に必要な測定機器類は全て揃っているのだが、その他の設備は必要最低限のものしかない。

製造業の現場を見回してみると、どこもみな外国の安いところ、安いところへと出て行って、日本は空洞化している。その結果、ますます不景気になっている。そういう時代にあって佐藤会長は「できるだけ国内で開発して、国内でつくって、売り先だけは国内に限らず外国でも売る」という考え方を貫いている。それには外国と同じものをつくっていては、勝負にならないので、できるだけ独自の、しかも世の中に役立つ商品をつくっていこうというわけである。

共同開発商品

二〇〇二年十一月に発売された照明以外の分野での、同社の注目商品・空気除菌消臭装置「デライザー」は、もともと東京商工会議所第三ベンチャーグループ定例会において、「紫外線を使用した二酸化塩素式殺菌装置開発」の提案があったことから、誕生したものである。

そのポイントは、安全性が世界で認められていながら扱いにくかった安定化二酸化塩素を独自の保温ガス化方式によって、効率よく除菌・消臭化に利用することに成功したことである。同時に、小型・低廉化を実現することによって完成した画期的な空気除菌消臭装置である。

開発はセリックが主体となり、開発コンセプトの企画立案はウェーブ・プラネット、色彩デザインなどは色彩活用研究所サミュエルが、市場調査を成田工機がそれぞれ担当。四社共同プロジェクトの結果、セリック一社で開発するものとは色彩、デザインなど、かなりあか抜けた印象がある。これは、四社共同プロジェクトの成果であろう。

「性能面、価格面、全部比較して、既存の製品に絶対負けないという確信を持ったからスタートした」という佐藤会長は、また「その状態がいつまで続くとも限らない。もっといいものができてくるかもしれません。われわれは、ここに安住することなく、さらにいいものを目指して開発に取り組んでいくだけです」と強調する。

国内での製造にこだわり、オリジナルな商品づくりに取り組むセリックの今後が期待される。

❖　❖　❖

日本のデジタルカメラが世界一の理由

初めてセリックの佐藤泰司会長に取材をしてから十年。その後の社業も順調とあって、二〇〇五年二月には社業を長男の佐藤郁夫氏に社長を譲って、自らは会長に就任した。同時に、本社を移転して、今日に至っている。

長男の佐藤社長はおよそ五年ほどの社会人生活を経験した後、セリックに入社。佐藤会長は六十歳の時に「六十五歳で長男に社長を譲ろう」と決めていたそうで、いわば予定通りの人事である。

世界で初めての人工太陽照明灯とあって、セリック並びに佐藤会長は発明・ベンチャー関係の受賞実績も少なくない。今年の五月には、日本テレビの人気番組「世界一受けたい授業」でセリックの「耐久試験装置」が採用されるなど、マスメディアでの評価、注目度も高い。

「世界一」という圧倒的な技術力、幅広い分野での採用実績など、セリックの将来性に変わりはないが、十年後の今日、意外なことは日本での評価と実績の高さに対して、海外への輸出には乗り越えなければならない壁が存在するという事実であった。

というのも、今年、日本経済新聞社がまとめた二〇一一年「日本の主要商品・サービスシェア」に関する調査で、世界シェア五十品目における日本企業の首位は、九社（前年は十社）。自動車などが後退したのに対して、多機能ロボットやカメラはシェアを伸ばしていると報じられている。

ビデオカメラ、デジタルカメラなど、日本企業が圧倒的な強さを誇る理由の一つは、色の正確性にある。実は、その色の部分を支えているのが、セリックの人工太陽照明灯の存在なのである。

つまり、カメラを製品化して、その性能のチェックをするのにわざわざ晴天の日を待って、自然光で色彩の評価をする必要がない。夜でも室内でも評価ができるため、人工太陽照明灯を大量に導入した日本のメーカーがデジタルカメラでは世界のトップを走ることができたわけである。

そうした事実があるだけに、佐藤会長としても多少のもどかしさがあるようだ。「世界に広めたいと思っているんですが、電気製品の場合、国によって安全基準が異なるため、その国ごとの認証を得る必要がある。そこで、一番厳しいとされるＥＵ二十か国の規格にチャレンジしている」と語るが、開発のメドが立つと、日本ではまったく問題にならない電波ノイズなど、さらに規格が厳しくなる。アジアでも、経済的、技術的に力を持ってきた中国が、ヨーロッパ並みの規格になっている。

実質的な日本外しである。だが、世界からいろんな形で標的にされる中で、なお日本の企業、技術力を誇るベンチャーはのし上がっていく。そして、佐藤会長もまた研究者として新たな開発に取り組んでいく。

会長になって、ある程度仕事が軽減されたこともあり、今は研究者の原点にもどって、新製品の開発を重点的にやっているという。

その佐藤会長が取り組んでいるのが、高齢者の見守り用システム。独居老人の孤独死や、死後二〜三か月も放置されているといった悲惨な例が問題視されている。一人暮らしの高齢者が、二〇一一年には五百万人を超えたと言われている中で、特殊なセンサーを用いてベッドでの変化がわかる安否情報システムの商品化に取りかかっている。

その他、社会貢献活動として、公益財団法人「日本発明振興協会」の理事として「子ども発明教室」の運営委員長をやっている。今年で三十四年目という同教室は、子どもたちに対する創造性教育のため、毎週土日に開かれる。そこで、子どもたちが一年かけて、何か発明品をつくるというもの。そうした形で、発明や科学の面白さを知り、最後に金メダル、銀メダル、銅メダルを選んで表彰する。

子どもたちはみな、大人にはない面白い発想を持っていて、佐藤会長としても大いに刺激を受けて、楽しそうである。

第４話

電子看板・広告（デジタルサイネージ）で世界のトップを行く「ピーディーシー」

菅原 淳之　社長

❖パナソニック期待の社内ベンチャー第１号
❖看板広告の可能性を広げるデジタルサイネージ
❖災害時に活躍する世界初のソーラー蓄電サイネージ

パナソニックの社内ベンチャーとして創業したピーディーシーは、今や一千億円市場となったデジタルサイネージ（電子看板・広告）業界のリーディングカンパニーである。マーケティング機能を搭載した次世代自販機、ダイバーシティのソーラー蓄電サイネージなど、次々と開発する「世界初」で、新時代のビジネスともいえるデジタルサイネージで世界一を目指す。

ソーラーサイネージ

かつてラジオ全盛の時代に登場したテレビは、街頭テレビの相撲やプロレス中継などをステップに、アッという間にラジオに代わるテレビの時代をつくっていく。映画「Ａｌｗａｙｓ三丁目の夕日」で描かれた懐かしい昭和の光景である。そのテレビはモノクロからカラーへと変わり、インターネットの出現などを経て、最近は家電量販店の目玉ではなくなりつつある。

街頭テレビに代わって、茶の間にテレビが入ると、街には大型スクリーンのディスプレイが出現して、看板、ショーウインドウその他至る所、今やデジタルサイネージ（電子看板・電子広告）花盛りである。

このデジタルサイネージの歴史とともにあり、業界をリードしてきたのが、二〇〇一年十月設立のピーディーシー株式会社（菅原淳之社長）である。通常はｐｄｃと表記される。パナソニック・デジタル・コミュニケーションズの略であり、もともとはパナソニック（旧・松下電器）の社内ベンチャー第一号「大型ディスプレイ向け映像コンテンツ制作・配信・運営管理の専門会社」として誕生した。

スタート時はデジタルサイネージと言っても誰もわからない。そんな頃から、まさにデジタルサイネージを日本に定着させるのに尽力してきたピーディーシーの菅原淳之社長は、「私がデジタルサイネージという電子看板をつくったときは、周りから一体何をやっているんだという感じで見られてました。それが、今や一千億円市場になりまして、われわれとしてはようやく花開く環境になってきたなというのが、実感です」と、振り返る。

東日本大震災、福島原発事故から季節は巡って、節電が取り沙汰される夏がやってくるが、実は３・11後の節電の流れの中で、真先に消されたのがデジタルサイネージであった。

ピーディーシーに限らず、３・11は日本人の節約意識や防災意識など、多くの反省をもたらすことと

最近よく見かける次世代自販機

なった。その日、名古屋出張中だった菅原社長は宮城県石巻市出身で、今も両親が暮らしている、まさに当時者である。地震の後、母親から無事を知らせるメールが届いたのだが、時間を見ると、津波が来る前だった。その後の十日間、安否が確認できない不安な日々が続いたという。

テレビもインターネットも、あるいはそれに代わる便利な携帯電話も、電池が切れて使えなくなる。しかも、通信基地は比較的早く復旧したのだが、肝心の電源がないため使えないという文明の利器の皮肉な弱点が露呈された。

突然始まった節電の時代に、デジタルサイネージもまた逆風にさらされた形だが、一方では災害時の重要な情報源として、あらためて注目されたデジタルサイネージもある。

六本木ヒルズは再開発地区全体が一つの街の機能を持ち、地下に非常用発電設備を備えている他、災害時の緊急避難場所になっている。六本木ヒルズに二百台以上設置されているデジタルサイネージは、災害時には普段のポスターなど案内の画面が公共放送のテレビに切り換わる。

その日、地震の発生とともに、すべての画面がテレビに変わり「建物は安全にできているので、この場を離れないでください」といった情報テロップが流れて冷静な対応を訴えたという。集まってきた帰宅困難者に対しても、正確な情報をリアルタイムに提供することができたというが、これもデジタルサイネージだからなしえたことだろう。

個人的にも3・11の当事者として菅原社長には「もし、被災地にもっとデジタルサイネージが普及していれば、被害を縮小できたのではないか」との思いがある。

実際には災害時の情報発信、非常用電源の必要性は、３・11前から同社の開発テーマの一つであり、その具体的な成果が二〇一二年春、ダイバーシティに設置されたソーラー蓄電サイネージ・システムである。

同システムは屋外一体型で世界初となる太陽光発電・蓄電機能付きソーラーサイネージであり、停電および節電に対応したデジタルサイネージ・システムにより、平常時から災害時までシームレスな情報発信が可能になっている。停電時には蓄電ユニットだけで十時間以上の放映が可能で、パソコンや携帯電話の給電もできる。さらに、災害時に地上の配信施設が影響を受けても、衛星から受信できるＢＳ機能を搭載したものもある。

マーケティングデータ

一般的に大型ディスプレイというと、ハードに目が行きがちだが、デジタルサイネージでモノをいうのはハードをいかに使いこなすかという、コンテンツ、ソリューションなどのサービス、ソフト面が重要になる。

ピーディーシーについて、菅原社長は「当社はイノベーションカンパニーとして、まったく世の中にないものをつくっていくことを使命にしたいと考えています」と語るように、デジタルサイネージのリーディングカンパニーとして、提供するコンテンツ、システム、サービスには世界初のものが多い。

ソーラー蓄電サイネージ機能以外にも、二〇一一年のグッドデザイン賞を受賞した次世代自販機、カメラを設置するだけで性別年代別視聴者を測定できる顔認証カメラ、スマートフォンに対応したサイネージ、3Dサイネージソリューションなど、次々と海外企業にはできない世界初を開発し続けている。

今やデジタルサイネージは紙やパネルに代わる単なる看板ではなく、多様な機能を搭載したものへと発展・進化を遂げつつある。

「マーケティング頭脳を搭載」をキャッチフレーズにした次世代自販機は、実際の缶ではなく、液晶ディスプレイに商品が映像で示される。しかも、温度センサーが付いていて、気温が二十五度以上になると、冷たいドリンクをPRするといったリコメンド機能がついている。あるいは、顔認証カメラに性別年代を識別するマーケティング機能が備わっていて、例えば五十代の男性が近づくと、その年代に合った商品を勧める。

「余計なお世話だという人もいるかもしれませんが、こうしたリコメンド機能によって、顧客の購買行動の詳細が掴めるマーケティングデータが得られる」と、その意外な効用を指摘する。つまり、それまで駅の自販機は、「朝と夕方しか売れない」というのが定説だった。それが次世代自販機によるマーケティングデータから、実は朝はさほど売れずに、実際には午後から夜の八時ぐらいにかけて、だんだん売上げが上がっていく。

興味深いデータとしては、意外と男性がカルピスを飲んでいるとか、女性が栄養ドリンクを飲んでいるといった新たな発見もある。そこで、導入したＪＲでも次世代自販機で得られたデータをもとに、例えば新宿駅はサラリーマン向け、渋谷駅は若い女性向けといったふうに、商品構成を変えた結果、売上げが三倍以上増えたという。

デジタルサイネージで培われてきた技術が自販機その他、さまざまな分野で使われることによって、単なる電子看板の世界から、今や販売促進のためのＳＰツール、マーケティングデータを掴むための効果的なツールへと進化している。

その最先端を行くピーディーシーは、大幅リニューアルした大阪駅や東京のスカイツリーなど、全国的な話題になる大きなプロジェクトを手掛けている。

営業のジレンマ

デジタルサイネージの見本市である「デジタルサイネージ・ジャパン２０１２」が、二〇一二年六月、千葉の幕張メッセで開催された。国内最大唯一の展示会だが、デジタルサイネージの専門展として二〇〇八年のプレビュー開催を含めて、五回目と歴史は浅い。

そんな日本のデジタルサイネージの歴史は、そのままピーディーシーの歩みに重なる。いま思えば、なかなかいいところに目をつけたと誰しも思うが、そこには当事者にしかわからない先駆者およびベンチャーならではの苦労がある。

一九五八年十月、宮城県石巻で生まれた菅原社長は、法政大学経営学部を卒業後、松下電器産業（現・パナソニック）に就職した。配属先はパナソニックが得意とする消費者向けの家電ではなく、業務用ファックスの営業担当を振り出しに、同社では珍しい法人向け大型商品を扱う、いわゆる「特機」と称する特殊機械に関わる部署を転々とした。

だが、光ディスク、ＯＡ機器、パソコンそして表示用ディスプレイの営業を担当したことから、やがてピーディーシーの設立へと至る。技術革新の時代に、多くのデバイスが進化し高性能になり、新たな大型ディスプレイが誕生する。そのたびに大手企業にセールスに行くのだが、あるとき取引先の担当者から「メーカーは買わせるだけ買わせて、また売り逃げか」と、皮肉まじりの苦情を言われた。ワープロやパソコンなどのＯＡ機器は、買ったと思ったら、次の新しいバージョンのものが出る。そんな技術革新の激しい時代とあって売り手にも買い手にもジレンマがつきものであった。

確かに大型ディスプレイを買った企業は、そのハードを活用するために自社広告をつくり、企業情報を流し、あるいは協賛広告を広く集めるなどして収益につなげなければ、買った意味がない。

「メーカーはモノというハードを売ればそれで終わりだけど、そのモノを活かすためのコンテンツ、ソフトは誰がつくるんだろう」という疑問の中から、菅原社長は大型ディスプレイ向けの映像ソリューションの必要性を実感。取引先の担当者の苦情をヒントに、デジタルアートや広告集めの助けになる会社の必要性や、配信するシステム自体が事業になると確信し、映像コンテンツの制作・配信・運営管理という新たなビジネスモデルを構築していった。

社内ベンチャー制度

九〇年代後半、彼と同じ構想を持っていた総合商社担当者と出会ったことから、菅原社長は商社と組んで、実際に会社を設立するために動き始めた。商社側がデジタルアートや広告などコンテンツづくりのための営業を担当し、パナソニック側はシステムや機器だけを納めるという計画であった。

だが、長い「冬の時代」が続く総合商社と共同で設立準備を進めてきた会社づくりは、ある日商社側の担当者が辞めることになり、頓挫してしまう。

そんなとき、タイミング良く登場したのがパナソニックがつくったスピンナップファンドで、採用されたビジネスプランには一人五億円まで出資するという制度であった。対象となるのは、将来的な成長が見込まれるが、その時点では事業規模が小さく、パナソニック内部で取り組むには適さないものなどで、ベンチャー企業として別会社化する。

およそ百四十の応募があったというが、最終的に菅原社長のピーディーシーの他、デジタルシネマ、eラーニングの三社が誕生した。他の二社はその後のブームの中で淘汰され、今はない。その点、デジタルサイネージは当時、競合もいなかった。

だが、菅原社長はピーディーシー設立前の一九九九年に、商社と一緒に新宿駅西口にモニターを設置してビジネスモデルの検証もしている。そのときの体験で「前を通る人の六割から七割の人が見る。普通の看板は一割の人も見ないですから、看板の効果としてははるかに大きい。必要とされている商品だし、これはいつかはモノになる」と思ったという。

その意味では、ある程度の自信があっての挑戦だったが、設立後、同社が最初に取り組んだ東京メトロ新宿駅の地下道では、予想外の展開が待っていた。

イノベーション

新宿駅西口での検証結果もあり、その将来性を確信していた菅原社長は、まずは広告モデルとして展開しようと考えて、自社リスクで十画面ものディスプレイを設置した。すぐに広告メディアとして認められると思ってのことであった。

だが、通行人の反応は上々なのだが、なぜか広告代理店が難色を示して思うような展開が図れない。結果的に、スタートして二年、ピーディーシーはパナソニックという大きな傘に守られているとはいえ、一億八千万円もの赤字の山を築くという崖っぷちに追い込まれた。東京メトロ新宿駅の地下道での広告モデルの展開に、肝心のクライアントを集める広告代理店の協力を得ることができなかったからである。

毎月二百万円ほどかけて、ピーディーシーが独自の広告モデルを展開したのは、当時まったくと言っていいほど認知されていなかったデジタルサイネージについて、デジタルサイネージとは何か、その広告の在り方、実際の効果を訴えるためである。直接目にすると、普通の看板とはちがって、動く広告看板として語りかけてくるような文字や映像に、道行く人たちがふと立ち止まる。

だが、多くの業界でイノベーションが必要とされていても、その変化が急速で大きければ大きいほど、チェンジする難しさがある。デジタルサイネージが登場する前の街の看板広告は、基本的に印刷して貼るというもの。いくらデジタルサイネージが広告媒体としての反応が良く、注目度も高いとわかっても、従来の広告代理店のビジネスパートナーは下請けの印刷会社などである。新たにデジタルサイネージを手がけるとなれば、一時的にせよ、彼らを切らなければならない。いまでは当たり前のＰＯＳシステムも、当初はなかなか普及しなかったように、デジタルサイネージの将来性は理解できたとしても、すぐやれる体制にはなかったということだ。

まったく広告が入らないまま赤字の山を築いていく中で、経営者として菅原社長が「どうしたらいいのか」と悩む一方で、ピーディーシーには当時、もう一つの柱があった。デジタルサイネージのサービス、配信システムを通信社などに売っていて、こちらは毎月のランニングコストも入ってくる。このサービス、システムを売るソリューション的な事業のほうは黒字だった。

結果的にピーディーシーは、この地道に取り組んできた事業によって、コンテンツ作成のノウハウや配信の仕組みなども構築できるようになっていたという。「こちらの事業が大きくなれば、もしかしたらうまく行くかもしれない」と、菅原社長がそんな予感めいたものを抱くようになったころ、ようやく時代が追いついてきたということか。ピーディーシーが苦しんでいた二〇〇二年に、東京の山手線に「トレインチャンネル」が登場。ディスプレイを使ったメディアが、新たな広告モデルとしても注目されるようになった。

そして、その後のピーディーシーおよびデジタルサイネージの展開を大きく変えることになるのが、二〇〇三年四月、六本木ヒルズのグランドオープンであった。

六本木ヒルズ

森ビルが手がけた六本木ヒルズの街のコンセプトの一つは「街はメディアである」というもの。

話題の再開発事業の目玉として、大型ディスプレイが至る所に使われるためハードを売りたいパナソニック時代の友人から「ソフト配信を含めたソリューション部分を手伝ってほしい」と声がかかった。

それまでの二年間、赤字を続ける中で築いてきたノウハウなど、その経験が実は六本木ヒルズでのシステム運営に生かされている。いかに媒体価値を高め、効率の良い運営を行うか、さまざまなサービス、ノウハウは、ピーディーシーが自社でデジタルサイネージを運営するという、顧客の立場に立った仕事をしてきた経験があればこそであった。

当時の最先端の複合施設に相応しく、常時映像で情報を発信するため、二百台以上あるプラズマディスプレイをはじめ、液晶ディスプレイ、アストロビジョンで六本木ヒルズの基本情報、店舗案内、イベント案内、ニュース、天気予報、スポンサーCMなどのマルチコンテンツが放映されている。今も映像を一括コントロールするヒルズビジョン運営室には、ピーディーシーの担当者が常駐している。

「六本木ヒルズができて、ホッと一息ついたという、まさに神風みたいな仕事でした」と菅原社長が振り返るように、ピーディーシーにとって、六本木ヒルズの仕事はデジタルサイネージとは何かを世間に知らしめる恰好のＰＲ材料となった。

物見遊山の観光客ばかりではなく、多くの企業人が見学に訪れる。六本木ヒルズを見れば、この手の都市再開発や商業施設でのデジタルサイネージの使われ方やメリットなども実感できる。

六本木ヒルズで一息ついて、そこからどう黒字化していくか。その壁を克服する原動力となったものこそが「デジタルサイネージによって、お客様の売上げを最大限に持っていく会社」を目指す菅原社長なりの松下幸之助イズムである。「お客様のため」「社会に役立つ」とのコンセプトのもと、具体的にはデジタルサイネージの可能性を模索しながら、銀行、通信、商業施設、交通機関など、あらゆる業界をターゲットにする。二〇〇六年にはそれまで使っていたパナソニックの配信システムに替わって、コスト面を含めて、使い勝手のいいピーディーシー独自の配信システムＨＡＩを開発することで、より顧客の立場に立った商品、サービスを提供していった。

六本木ヒルズを見れば、自分のところでもデジタルサイネージを使いたくなるし、それ以上のものが欲しくなる。事実、二〇〇七年にオープンした東京ミッドタウンでは、六本木ヒルズを超えるものが求められた。東京ミッドタウンができれば、ＪＲ西日本の大阪ステーションシティは、それ以上のものを展開したくなる。そして、東京の新名所スカイツリーでは「大阪駅を超えるものをやりたい」と、常に最先端を求められる。

ベンチャーとしてのピーディーシーは、六本木ヒルズを手がけた三年目から黒字化。その後は破竹の勢いで伸びていったと言いたいところだが、二〇〇九年秋のリーマンショックのときは、さすがに需要がガクッと落ち込んだ。さらに、３・11後の節電というデジタルサイネージにとって、転機ともなるできごとを経て、その後は順調に伸びている。

デジタル使ったアナログ

二〇一一年十月、十周年を迎えたピーディーシーはパナソニックの九九％出資体制から、新たにＮＴＴや東京三菱ＵＦＪキャピタルからの出資を得るなど、すでに同社がデジタルサイネージのコンテンツプロバイダとしてパナソニックから自立していく方向を明確に打ち出している。

「十年やってきてますから、ソリューション系では、当社は間違いなく世界一だと思います。海外では出せないもの、つくれないものをどんどんやっていきたい」と、菅原社長は自信を示す。

デジタルサイネージ業界ではディスプレイなどのハードウエアや配信システムに関しては、他の電機メーカーがライバルということになる。だが、実際のサービス、コンテンツを運営するといったソリューション系を含めると、ピーディーシーには十年の蓄積と専業の強みがある。その意味では、他の電機メーカーも、ライバルというよりは、協力を前提とした提携関係といった一面もある。

というのも、一般的に製造メーカーは「つくったモノ、ハードを売りたい」という傾向があって、なかなか顧客の問題解決の部分にまで踏み込むことはない。一対一の顧客との関係で、カスタマーズ仕様にするには限界がある。ピーディーシーの場合は、顔認証カメラにしても、単なるハードではなく、顧客の問題を解決するために必要とされる手段といった具合で、大企業が大々的にやろうとしても難しいところがある。

かつてのPOSシステム同様、今は世の中全体がデジタルサイネージを入れなければ始まらない、ビジネスにならないという、そういう認識ができつつある。だが、その一方で「何のために入れるのか。どういうメリットがあるのかという点が、意外とわかっていない」という。

事実、ピーディーシーのデジタルサイネージの仕事は、毎回コンサルティングから入るケースが多い。デジタルサイネージを使って、何をするのか。設置場所から、どういうサイズの画面が必要なのか。サービスの内容、コンテンツはどうするのかなど、個々の業界、企業によってニーズが異なる。

相手企業と課題を共有して、目的とする利益が集客なのか、売上げなのか、ナビゲーションによるおもてなし効果なのか、外国人対応なのか。大阪ステーションシティクラスになると、二年がかりの仕事になるという。

商品の性格上、当然、設置場所もアウトドアなところであり、複雑なことをする環境にはない。そのため、デジタル技術は使っているが、インターフェイスはアナログというのがキーポイントだという。指で触るとか、動いただけで画像が変わるとか、見るだけで勝手に判断するといった、デジタルとアナログの中間点にあるのが、デジタルサイネージなのである。

脱パナソニック

二〇〇五年に米ウォルマートが三十万台以上のデジタルサイネージを導入してから、デジタルサイネージにはテレビ並みの視聴効果があると言われている。今後は、その勢いがさらに加速することが期待されている。

最近のアメリカでは、デジタルサイネージは「スクリーンメディア」という言い方に変わってきている。要するに、形と大きさがちがうとはいえ、スマートフォンもデジタルサイネージも同じスクリーン（ディスプレイ）を使ったメディアであり、そこに新しい時代のビジネスが生まれつつある。

すでに、日本でも広告看板という用途から情報ステーションとして、非常時の情報入手手段、蓄電設備としての用途などがクローズアップされている。

大きく変わりつつあるデジタルサイネージだけに、今後も年三〇％以上の成長が見込まれている。

十周年を迎えたピーディーシーの売上げは、現在二十億円。次なる目標は、百億円である。そして、二〇一五年度までにパナソニックから出ていくと同時に、株式市場の動向を見ながら、上場を目指していく。

同社が二十億から一挙に百億円を目標に掲げるのは、すでにかなりの技術、ノウハウの蓄積があって、いよいよ本格的な攻勢を展開する時期が来たということでもある。

今ではアジアを含めて、海外でもデジタルサイネージは当たり前になっているが、現在のピーディーシーの海外比率は五％でしかない。上海の森ビル、香港のシティバンクなどを手がけているが、グローバルに市場が拡大している中で、海外比率が意外と低いのは、これまで日本での商品開発に注力してきたこと。しかも、もともとある携帯電話やパソコンとちがって、デジタルサイネージが一つ一つ個別に対応していかなければならなかったこともあり、とても海外まで手が回らなかったという事情もある。

海外を視野に入れた時、前提となるのが、コンテンツを配信したり、管理するシステムである。これまでは日本語にしか対応できていないため、現在グローバルな展開を前提に英語版、中国語版を開発中である。

この配信システムまでパッケージできた段階で、通信および商社などビジネスパートナーの協力を得て「来年にはグローバルなフィールドで勝負していきたい」と語る。ハード面でディスプレイの価格が大幅に安くなっていることもあり、勝負はまさにこれからである。今後のピーディーシーの躍進が期待される。

❖　❖　❖

新本社オフィスにショールームを開設する

いまでは、至る所で普通に見かけるデジタルサイネージだが、先日、ラジオを聞いていると「デジタルサイネージのご用命は」云々と、コマーシャルが流れていた。これまで必ずといっていいように「電子看板・広告」とカッコ付きで語られてきたデジタルサイネージだったが、ビジネスの現場ではごく当たり前の用語になったという証明である。

毎年、千葉県幕張メッセで開催されているデジタルサイネージの展示会「デジタルサイネージ・ジャパン２０１２」も、すでに五回目。同展示会を記事にした「日経新聞」では、今年の一つの傾向として、あらゆる場面で利用されるようになったデジタルサイネージを巡って、新たなビジネスチャンスを求め、独自の新サービスを開発し、新事業を始めるＩＴベンチャーが増えていると伝えている。特にソフト面に目を向けているという意味では、ピーディーシーの新たなライバルの登場と見えないこともない。

時代が、それだけデジタルサイネージに注目している表れである。

もともと、私が最初にピーディーシーを訪ねて話を聞いたのが、ちょうど五年前。パナソニック初の社内ベンチャーという話題がメインで、デジタルサイネージがあちこちで見られるようになっていたころではあっても、言葉自体はまったくと言っていいほど、なじみがなかった。

創業後の十年を振り返って、菅原淳之社長は当初の予想に対して「スピードは遅いなあ」と思ったというが、今ではようやく時代が追いついてきたということか、まさに花開く時代に突入している。

そんなピーディーシーの勢いを物語るかのように、創業時、スタッフ二人で狭い一部屋からスタートした本社事務所も、事業の進展につれて、次々とスペースを広げ、人を増やし、やがてビルのワンフロアを占めるまでになった。その本社事務所も、すでに手狭になっていたところ、たまたま取り壊されることになり、この秋には近くの新オフィスビルに移転する。

移転が決まって、新本社オフィスのフロア構成も固まってきて、デジタルサイネージのプレゼンテーションのために必要なショールーム開設が決まっている。いままでなかったのが、むしろ不思議なぐらいであるが、これまではタイミング良くオープンした六本木ヒルズその他、実際の現場がショールーム代わりであった。

言葉は悪いが、他人のフンドシで相撲を取っていたのが、ようやく自分で勝負ができるようになった。日本経済に限らず、ビジネス環境が必ずしも良くない中で、デジタルサイネージは例外とはいえ、同社の急成長を示す確実で大きな一歩となる。

脱パナソニックを掲げ、年商百億円を目標にするピーディーシーは、デジタルサイネージのグローバル展開についても、アジアをはじめとした海外市場でも同社が先鞭をつける形での販売がスタートする。そのための中国語と英語対応の戦略商品もすでに開発し、販売面でのパートナーづくりを含めた準備が進んでいる。

「落日のパナソニック」と言われ、苦境にあるグループ内で、ハードを扱わないため売上高こそ大きくはないが、現時点での好調さ、そして将来性に関してもパナソニックの社内ベンチャー第一号のピーディーシーは、まさに優等生なのである。

第５話

自然の持つ力、フリーエネルギー分野で最先端を行く一般財団法人「テネモス国際環境研究会」

飯島　秀行　理事長

❖自然の力を使ったフリーエネルギーモーター、風力発電装置
❖「平成の宮沢賢治」がつくった振動羽ばたき原理による飛行機
❖抹殺された放射性物質の処理

講演・セミナーなどのため、日本全国を飛び歩く「テネモス国際環境研究会」の飯島秀行理事長は、現代の科学では解明されていないフリーエネルギーの世界にお

ける有名人である。彼は病気により「人工透析」を必要とする体だったが、やり残したことをするために透析を止めた。自ら「命がけなんです」という状態に追い込んで取り組むのが、自然の法則を利用して、危機的状態にある地球を正常な状態に戻すさまざまな試みだった。

満身創痍の体

一般財団法人「テネモス国際環境研究会」の飯島秀行理事長は、フリーエネルギーに関する世界ではちょっとした有名人である。定期的に全国各地で講演会・セミナーなどが開催されている。テーマも自然農法から地球環境、宇宙レベルの話から、福島原発の水や空気、土壌汚染の浄化、自ら開発した空気清浄器や湧き水原理を応用した活水器（浄水器）「マナウォーター」に関するパフォーマンス、さらにはペットボトルを使った楽しい空気清浄器づくりや焼塩づくり体験講座を行ったりと、盛りだくさんな内容で話題になっている。

特に、３・11大震災後は福島原発から二十キロ地区における汚染土の他、飯館村の沼の水の処理を行い、放射能を含む汚染物質の九十％以上を消している。

十年以上前から汚染水・汚染土の浄化を手がけ、多くの実績を上げていることもあってユーチューブなどでも、その映像が流されている。

そんな技術の一つの到達点であるフリーエネルギーモーターや振動羽ばたき原理による飛行機、風で回らない風車・風力発電装置などを見に行ってきた。百聞は一見に如かずである。

おしゃれなカフェのような木造りの空間に飛行機やフリーエネルギーモーター、マナウォーターの流れるせせらぎや十年間水を変えていない水槽、空気清浄器などが飾られている。それらの開発者であり、今も全国を講演して歩いている飯島理事長は、一見して宇宙物理学者のスティーブン・ホーキング氏のようでもあった。

もちろん、ＡＬＳ（筋萎縮性側索硬化症）を患っているわけでも車椅子生活でもない。だが、三年ほど前に腎臓を患い、その後、人工透析を行ってきた。その間、心臓のバイパス手術、さらには脳梗塞と、幸いにして体の自由こそ奪われてはいない

既に完成しているフリーエネルギーモーター

が、動くのも不自由で、言葉も完全ではない。

しかも、三か月ほど前に、三年近く続けてきた人工透析を止めてしまった。医者や家族からは「そんなことをしたら死ぬ」と言われたが、管につながれた現代医療の奴隷のような生活とは縁を切って、やり残した仕事をするために、運を天に任せたのである。

一般的に言えば、人工透析を止めれば、有害物質を処理できないまま、命に支障を来すと言われる。だが、その後の数値はまあまあだそうで、逆に汗が出るようになるなどの変化が徐々に見えてきている。その結果「自分の体を使った究極のテスト。あと一か月生きれば、ギネスブックだそうです」と笑う。

まさに満身創痍の状態とあって、その姿は「何をやっても命がけなんです」という通りだが、「この地球が今は危ないんです。三年持つのかな」と、地球の行く末を心配する余裕はある。

フリーエネルギー

まさかの姿で登場した飯島理事長は「自由に動けない」と言いながら、講演などに全国を飛び歩いている。その聞き取りにくい言葉が、逆にすべて自然の法則を無視して、自分たちの都合で生きる現代人に対する説法となっていることが、恐らく人気の一端なのだろう。飯島理事長の語る言葉は、現代の救世主のようでもある。

「自然がつくったものは害を出さない。人間がつくったものは害を出す。それが自然界の在り方、宇宙の法則です」

「大宇宙はたった一つの法則の中に存在しています。法則とは宇宙の中性力を意味します。すべてはゼロ（ニュートラル）に定まる。これが基本です。出したものが還るともいいます」

「自然の法則とは、自然のサイクルとも言えます。それが無限の循環です」

「本来、自然界のものはすべて呼吸をしています。吐けば吸う形で、あらゆるものは呼吸をするように、元に戻す力が働く。この地球を汚せば、汚した分だけ自然は元にもどそうとする。それが往々にして、災害という形で起こる。つまり、汚さなければ天災というのは少なくてすむんです」

そして、東日本大震災のような震度六とか七の地震、あるいは最近のハリケーンや台風などの天変地異が教えていることは、空間には人間にとって制御不能な、膨大なエネルギーが存在している。その意味では、フリーエネルギーとは特殊なものではなく、自然の法則そのものなのである。

さらに言えば、空気そのものがエネルギーであり、だから自由にしてタダ（無料）の空間から見えないエネルギーを取り出せるわけだが、現代の科学は見えない世界に極端に弱い。要は現代科学のレベルは非常に遅れた段階にあって、フリーエネルギー分野で起きている大きな時代の変化のうねりが掴めない。そのためいくら結果や現象を見せられても、原理がわからない、現代の科学理論では解けないからと言って、逆に普及の足かせとなってきたという一面がある。

だが、現実の世界ではフリーエネルギーはすでにエネルギー分野に止まらず、環境から農業、医療、工業分野まで幅広く応用されるようになっている。時代は、まさにフリーエネルギーの世紀に突入している。そんなブレーク寸前のフリーエネルギーの世界の最先端を行っているのが、テネモス国際環境研究会（以下、テネモス）なのである。

テネモスの最大の特徴は、実際にモノがあって動いていることと、その原理を応用した水や空気清浄器などが商品化されていることであろう。

事実、よくフリーエネルギーモーターとか、永久エネルギー機関をつくったという話を耳にするが、実際に行ってみると、大体は何らかの都合で動いていない。そんな話ばかりが流布される中で、テネモスのモーターは実に理に適っている。だからこそ、結果も出ているわけである。

具体的な仕組みについては、モーターにはバッテリーがなく、代わりにスタート時に十二ボルトというわずかの電圧を利用する。回転板の下と基盤上に磁石がついていて、磁石のところに別の磁石が来たときに、スイッチが入る。すると、磁石は反発して離れて、今度はスイッチが切れる。最初に電気を使って、使うことで電気をつくって、あとは使ってつくってという繰り返しによって回る。初めのうちは使っていくほうが多いので、電力値がちょっと出るが、回していくとゼロになる。ちなみに、テネモスのフリーエネルギーモーターの考え方は、われわれ人間が呼吸をして生きているように、モーターにも呼吸という概念を持ち込むことで、出したものは還るという形で、消費電流がゼロからマイナスへと変化していくというものだ。

永久エネルギー機関が、一般的になぜつくれないのかという理由について、飯島理事長は根本的な発想の誤りを指摘する。

「あれは発電機ではなく集電機なんです。電気というものはつくるものじゃない。集めるもの。雷がそうでしょ。集めてきて、何万ボルトも出している。みんな自然が教えてくれていることです」と、自らの体験を踏まえて語る言葉は明快である。

だから、モーターにしても集電モーターであり、それが永久モーターだという。その永久とは自然の法則そのもの。物質が壊れるまで動いている。

平成の宮沢賢治

いつの時代にも閉塞した時代環境を打破するために、社会の変革を求めて、多くの人物がその時代時代に立ち上がり、歴史を動かしてきた。例えば、幕末だけでも松下村塾を開いた吉田松陰、海援隊をつくった坂本龍馬、奇兵隊を組織した高杉晋作その他、枚挙に暇がない。

現在、既存の権威、政治・経済そして環境そのものが崩壊寸前という地球の危機の時代には、当然、それに相応しい人物が多くの人たちの注目を集める。飯島理事長がやっていることは、ちょっと大げさに表現するならば現代の実践的な科学者として、社会の意識革命を説く思想家、革命家としての役割ではないのだろうか。

そう考えれば、代々の農家に生まれ、花卉園経営を生業にしてきた飯島理事長は、平成の宮沢賢治にたとえられる。植物の成長していく姿を見てきた彼は、童話を書く代わりに、宮沢賢治が童話の中で描いたモノたちを実際に動く形にしている。あるいは、絶滅寸前の環境の中で、宮沢賢治が言いたかったことを代わりに伝えているようでもある。

その飯島理事長が、あたかもイーハトーブ火山局技師として、放射性物質の除去に立ち向かうのは、当然のことであろう。

実際にテネモスに限らず、放射能に汚染された土壌を浄化する技術は、それこそいくらでもある。微生物・菌体を使ったもの、水の力によるもの、生命エネルギーを用いたものなど、玉石混淆ながらさまざまある。公的なレベルの取り組みから、民間レベル、個人レベルでの実証実験などいろいろである。

中には、放射性物質を消す事実を声高に語って、政府レベルでの取り組みが始まるというところもある。だが、その動きはいつも、思いがけない方向に向かっていく。最近も、福島周辺での農地の除染について「表土をはぎ取る方法がもっとも効果的である」という実証結果がニュースになる。

いまだ土建屋国家ニッポンの余韻を引きずっている中では、新技術よりも体力勝負のわかりやすいやり方がビジネスになるということか。最先端科学の粋を集めたはずの原発で、何とも知恵も工夫もない方法にすがるしかない科学者および大企業、原子力関係者そして行政の在り方は、まさに時代遅れそのものである。

放射性物質の処理

これまで何度も汚染水や土の浄化・処理を行ってきたテネモスだが、その後、いよいよ本格的に福島原発事故による汚染水・汚染土の処理に乗り出すときになって、処理したはずのグラウンドの土に、後日「変化ナシ」という意外な結果が出たという。

確かに、大量の土砂を撹拌するのは大変なため、簡単にできるように、水溶性のものをつくって現地の土にまいたのだが、「変化ナシ」という意外な結果が出たのだという。また、小学校のプールでも汚染値が増えているという。

では、これまでの実績、さらには汚染土から放射性物質を含む有害重金属を九〇％以上除去したという事実とデータ。アオコで一杯だった飯館村の沼の水が一瞬で透明になったという事実とデータは何だったのか。

「やっちゃいけなかったのかな」と、意味深な言葉を呟くのは、飯島理事長にとって、今回のテネモスの周辺で起きている不可解な事態が、十年前の騒動を思い起こさせるからだろう。

二〇〇一年二月十五日の「埼玉新聞」の第一面のトップに「原発排出の有害土砂、サトウキビ使い浄化／川口の企業集団開発」という大きな記事が掲載された。

当時、飯島理事長が代表を務めていたNABA国際環境研究会で、数年前から農薬に汚染された農地の復元を目的にバイオ研究を行ってきたもので「原料はサトウキビ。これにセラミックに通した真水を加えてカドニウムなど重金属類を含む土砂を攪拌すると、浄化された土壌に再生される。研究開発に協力したT社では、この技術を基に福島第二原発の敷地内に処理プラントを建設、今夏にも稼働させることにしている」と報じられていた。

その後の反響の大きさに驚いたのか「新聞に書いてあることはウソだと言ってください」と、T社の担当者が頼みにきたという。

飯島理事長の周辺で、大金を手にした人物がいて、そのニュースは結果的に闇に葬られる形になってしまった。そんな原発をめぐる新技術と既得権益との間での不可解な動きは、彼にいくらいい技術であり、歴然たる事実、実績があっても、国というか中央は動かないんだということを思い知らせることになる。そんな苦い思い出がある。

今また、福島原発事故処理を巡って、一体何が起こっているのだろうか。

「持っている」

テネモスのホームページには「自然のメカニズム『永続・循環』サイクル」とのタイトルとともに、その冒頭に「これからの科学は生命科学（自然のメカニズムを理解し応用する）」とのメッセージが掲げられている。

法人名に「テネモス」を用いたことについて、飯島秀行理事長は「深い意味はない」というが、スペイン語で「われわれは持っている」ということを意味する。何を持っているかは、宇宙に存在するもの、自然界のものすべてであり、それを生かすも殺すも、われわれ人間次第である。

本来、人類は自然のメカニズムを理解し応用することによって生きてきたはずだが「持っている」のをいいことに利用だけして、やがて自然のメカニズム＝法則から外れていった。その結果が、現在の地球の姿である。

法則と反対のことをすれば損をするのは、農業一つとっても明らかである。生産性を上げ、病害虫から守るため、化学肥料や農薬を用いて、得するつもりが土壌は荒れて、環境汚染、残留農薬等々が問題になり、農業は儲からない産業の象徴的存在となっている。

もちろん、得するつもりで逆に地球規模の危機、損害を招いているのが、原子力の平和利用がもたらした３・11福島原発事故であることは言うまでもない。

飯島理事長によれば、それらの危機のすべては「自然のメカニズム、永続・循環というサイクル＝法則」を無視した結果である。同時に、危機的な状況にある地球を、元の状態に戻す修復作業を行うのも、人知を超えた自然の力であることは、すでに指摘した。

現在、危機的状況にある地球を正常な状態に戻すには、どうすればいいのか。その答えの一つがテネモスの飯島理事長が、これまである程度形にしてきたさまざまな事業である。ホームページには、次のように書かれている。「このような状況の中、安全な水、食料の確保、有限の資源に頼らないフリーエネルギーの開発を早急に進めなければいけません。しかし今の科学では、地球環境を元の状態に戻すことすらできていません。それは、目に見える物質のみを扱う現在の科学では絶対解決できないからです」

「これからは物質と目に見えない空のエネルギーとの関係である生命科学を解明する必要があります。また、根本的な原因である人間の利己的な考えを変え、自然と共存していく必要があるのではないでしょうか。テネモスグループでは、自然から学び、自然のメカニズムを理解し、現在の学問や常識では解明できない事象を具現化し、実践しています」

彼の言う「生命科学」は、いわゆるバイオテクノロジーの世界とは異なる、真のライフサイエンスとしてのフリーエネルギーの世界であり、テネモスはそのための最先端基地というわけである。

自然界の位置づけ

テネモスのオフィスは、地下鉄・南北線に直結している埼玉高速鉄道の新井宿にある。駅を出たすぐのところにあるのは、もともと駅の周辺が飯島家の畑だったからである。一九五四年十月、飯島理事長が生まれた頃にはその土地で花卉園経営を行っていた。

大学を卒業し、一年間の園芸の研修を受けた後、家業を継いだ彼はさまざまな新しいことを試みた。そんな中で、人生のひとつのターニングポイントになったのが、三十年ほど前、彼がもっとも信頼していた人物から紹介された水との関わりである。

当時はまだ世間一般が水や空気清浄機などに、まったく関心のなかった頃である。たまたま飯島理事長は「これからは水が大事になる。水の力を使う時代が来る」というその人物が紹介してくれた不思議な水を使った。

だが、不思議も何も、使い始めた彼は、その後の二年間をまったく棒に振る。

当時、飯島理事長は何万鉢ものアジサイを育てて市場販売をして生計を立てていた。ところが、その水を使った市場用のアジサイが日に日に枯れていく。余りに無残な結果を前にほとんどの人はクレームをつけて「こんなものダメだ」と言って投げ出した。

失敗の理由について、要するに普通の水だと腐らないが、その水は空気を引っ張ってくる力が強いため腐りやすい。そのことがわからないと悲惨な結果になる。普通は一年二年かけて腐敗し発酵していくものが、その水をかけると、有機物がすぐに発酵してしまう。

そのメカニズム、自然のサイクルがわからなかった彼は、何度も何度も失敗を重ねた。お金もなくなり、パートの人にもみんな辞めてもらって、一人という原点に戻って続けていると、相変わらず水だけやっているアジサイは病気も虫の害も一切ない。市場に出して売ろうという商品は、虫の巣状態になる。

両者のちがいは片方は植え替えていないもの、もう片方は市場に出すために植え替えたもの、それだけである。市場に出すものは土に堆肥や肥料をブレンドして植え替えている。そこで最後に、片方は大きな鉢に穴を開け、ブレンドせずにそのまま差し込んだ。もう片方の鉢はそれまで通りのやり方でブレンドした。通路を挟んだ両側に、それぞれ三百ずつ並べて水だけをやったところ、三か月でちがいが現れたのである。

そのとき「これって、自然界そのものなんだ。微生物の位置づけをちゃんと守れば、何の問題もない」と気がついたという。ブレンドという余計なことをするから、微生物が土を元の正常なサイクルに戻そうとする。急激な発酵や虫の発生はそのためであった。

実際に、彼は「病害虫とは自然界の位置づけを守らなかったときに起こる現象に過ぎない」との仮説を立て、その位置づけを守って移植した。その結果、見事に市場に出せるものができたわけである。

そこでは無機物は有機物に変化し、有機物は無機物に変化するという形で、無限の循環をする。鉢の底に有機物があれば、無機物に変化させる力が働く。それが発酵であり、異常な土壌の在り方を正常な状態に急速に戻すため、自然は病害虫の力を借りる。それを人間は自分の都合で、作物を食う虫を害虫と称し、作物を枯らす病気を敵視するが、自然のサイクルの中では善も悪もない。すべてが善なのである。

そして、日本でのアジサイ栽培を成功させたのを最後に、一九九三年、彼は南米ボリビアへと飛び立った。

南米ボリビア

「人生というのは、絶対にマイナスはない。そのときは失敗したように思うけど、それがなかったら、今の自分はないですから。失敗というのは天の導きがなかった世界ですね」と語る。飯島理事長の南米ボリビア行きは、その天の導きであった。

南米の慣れない土地で、彼は日本の農業、食料問題の将来を見据え、当初頼りにしていた辞書を捨て、手探りで人間対人間の関係、コミュニケーションを取りながら、結局、十年を過ごした。

少しずつ意思の疎通が取れるようになって、彼の事業も一つ一つ形になっていった。それが水から始まって、肥料づくり、さらには膨大な土地のためトラクターその他の農機具・重機の操縦から飛行機の利用へと進んでいった。そして、飛行機を農作業用に使うため、アメリカで操縦法の訓練を受けて、ジャイロコプターを持ち帰った。

だが、大きなエンジンを搭載してパワーアップしたはずのジャイロコプターは、なぜかボリビアでは飛ばなかった。アメリカではいとも簡単に上がったものが、南米では上がらない。そのとき、あらためて疑問に思ったのが、「飛行機って、どうして飛ぶのかな」ということだった。

南米そして日本で改良を重ねてきた結果、今では「飛行機は航空力学や科学的な飛行理論に基づいて飛んでいるのではなく、飛行機が浮くのは物体の振動の変化、内気圧と外気圧の変化に過ぎないと確信してます」と語る。

飛行機とは異なる飛び方をする気球や鳥や蝶々は、全部、同じ原理で飛んでいる。羽ばたき理論による彼がつくる飛行機の数々は、その証明でもある。鳥をまねたはずの飛行機は止まると落下するが、彼がつくった飛行機は、落下しない。しかも、彼の飛行機は通常の模型飛行機の四分の一のエンジンしかついていない。科学の常識からは「飛ぶはずがない」と言われるものである。

その飯島式飛行機をかつて実地検証した専門誌「ラジコン技術」では「空中を浮遊するラジコン機」と称し「いままでの常識が覆された」という表現を使って紹介した。そして広い空域を必要とする大型機に対して飯島式飛行機は「微風ならば小さな野球グラウンドが一面あれば十分に飛行可能という、驚異的な運動性能を備えている」と、その実用化に向けた可能性を指摘している。

結局、南米ボリビアでの農業プロジェクト、無農薬農業の指導、水の浄化、汚染土壌浄化、羽ばたき原理による飛行機、フリーエネルギーモーター、風力発電などの研究は、彼にとって具体的な実践を通して、すべてが一つの法則で成り立っていることを考え、確認するための作業でもあった。

日本に帰り、さらに研究と実践を続けて、その成果を世の中に役立ててもらおうと、二〇一〇年四月、一般財団法人テネモスを設立した。それは「わずかに顔を出している新芽を、みんなで水をかけて育てていかなければ明日がない」という思いからである。

振動羽ばたき原理で飛ぶ飛行機

飯島理事長の苦悩は深いが「農業、工業、医学が手を組んで、法則に則って生産する形で、正常なサイクルに持っていけば、経済という結果もついてくる。何も増税しなくたって、十分に成り立つ世界が実現します。その新芽をみんなで育てることで、地球は大きく繁栄すると確信しています」と、明日にかける思いは強い。

例えば、水圧という圧力差を利用したテネモスの水浄化システムで水が変わるならば、空気も変わるだろうということからできたのが、空気清浄機である。

では、その装置にガソリンを通すとどうなるか？　もちろんガソリンも軽油も灯油も変化する。酸素の量が増えて、燃焼時間が伸びて二酸化炭素の排出量がかなり減少する。

多くの新芽はあるが、その一つがフリーエネルギーモーターの実用化である。今あるモーターを、もう少し大型化して、オフィスの隣に発電所をつくって、クリスマス用のイルミネーションを現在製作中である。

人間の意識圧

フリーエネルギーの世界に顕著だが、現在の科学や専門家にとって障害になっているのは、人間の意識・考え方など、目に見えないものの存在が測定できないこともある。

十年以上前から放射性物質の浄化を行ってきたことで、3・11東日本大震災で福島原発事故が起きた後も、頼まれて福島原発周辺の土と水の放射性物質を消してきた。その事実とデータが、後日、検査の結果「変化ナシ」という形で否定されていく現実を前に、十年前と変わっていない相変わらずの世界があることを知り、彼はあらためて人間の意識の力を実感した。

何事も「できる」と思ってやればできることも、「できない」と思っているとできなくなる。そんな経験は誰でも持っている。飯島理事長の説明では「できると思えば引き込む力が強くなり、逆にできないと思うと引き込む力がシャットアウトされる」ということであり、その人間の意識のちがいを、彼は「意識圧」という言葉にする。その力は想像以上に大きいのだが、意識圧は今の科学では測定できない。

そして「意識圧に勝てる圧はないというのは本音です。この意識圧の存在と働きを証明できれば、世界が大きく変わるでしょうね」という彼の戦いは、その事実を証明することが、勝利への一番の近道でもある。

その道は当然、厳しく険しい。だが、テネモスが環境破壊、経済破綻など、多くの問題の根本的な原因である人間のエゴを変える必要性を理念の一つに掲げているのは、そのためである。飯島理事長の投げかけている問題は、限りなく深くて重い。

常識の壁を破壊し、人間の意識を変革するためにも、次は人の乗れる飯島式飛行機を完成させ、飛ばしてもらいたい。

❖　❖　❖

自分でつくれるフリーエネルギーモーター

一年ほど前、『日本発！　世界№１ベンチャー』の第十話で紹介している映像作家の長谷川章氏に連れられて、テネモス国際環境研究会の飯島秀行理事長に会いにいった。その時の飯島理事長の「まさか！」の姿については本文でも書いた通りである。

事前に何も聞いていなかったのでビックリしたが、それも三年前に腎臓を患って人工透析、さらに心臓のバイパス手術、脳梗塞と続いた結果、左手など体の一部と言葉が不自由になった。そんな状態でも、週の半分は全国を飛び回っているというのだから、まさに命懸けの日々であった。

しかも「透析を止めたら二週間で死ぬ」と医者に宣告された、その期間を過ぎて、すでに三週間が経っている頃である。命を担保に使命感に満ちた毎日を送っている彼の一言一句が、ひしひしと伝わってくる。何とも刺激的な取材であった。

雑誌掲載後、クリスマスツリー用のイルミネーションがどうなったのか気になって連絡したところ、本人は「転んで骨折して、病院に入院中だ」という。クリスマスツリーどころではない。手術後のリハビリに懸命に取り組んでいる最中ということであった。

まさに「エーッ」という展開だが、時間的な余裕のない彼は、医者も驚く気力と努力でリハビリを行い、あっという間に現役復帰。以前と同じような講演活動を再開した。日本ばかりか、北京に行って講演とデモンストレーションを行うなど、体の不自由さが増しても、忙しさは相変わらず。およそ一年ぶりに会った飯島理事長は、片手に杖を持っていたとはいえ、思ったよりも元気そうであった。

今年の四月には、新しい著書『宇宙にたった1つの神様の仕組み』（ヒカルランド刊）を出版していて、そこには彼がすべて実践と実験を通して確かめたたった一つの神の法則が説かれている。その説くところは、人間とは何かを考えてきた私には、一々納得できるものだが、一般的にはそうではない。例えば「フリーエネルギー」をテーマにした一節には「生命は宇宙法則であり、神でもあるのです。では、生命と神は別のものなのでしょうか。神と人は同じものなのです。我、神なり、です。どれをとっても神、仏、生命に到達します。同じ意味だからです。この心境が、フリーエネルギーなのです」と書いてある。

本は好評のため、増刷を続けているが、中には「意味がわからない」とか、常識を持ち出して「おかしい」と言ってくる読者もいるという。

手術後、金具の入った脚で精力的に講演に歩く傍ら、すでに次なるテーマにチャレンジしていた。それがソーラーとか風力などとは根本的にちがう、真に地球に優しい完全なフリーエネルギー化による基本的なバイオシステムをつくることである。

彼の理論によれば、海も山も電気でできていて、その意味では永久電池である。その永久電池の一部をちょっと借りてきて、利用させてもらう。海が永久バッテリーで、海そのものが生きて充電しているという考え方である。

つまり、今まではバッテリーに電気を溜めて車や船が動いていたのが、バッテリーの中を車や船が動く。そのため、普通はもらえば与えるほうはなくなってしまうのだが、空気と同じで、自然のメカニズムにより減ることはない。自然、地球そのものがバッテリーだからである。そのエネルギーを取り出す装置が「誰でもできる。決して特殊なものではないということを訴えたい」という、究極のエコ・エネルギー装置である。

そんな楽しく夢のあるフリーエネルギーの世界を、いろんな形で人が簡単にできることを証明していければというのが、飯島理事長の現在の取り組みである。

第6話 わさび火災報知機でイグノーベル賞に輝いた香りのベンチャー「シームス」

漆畑 直樹 社長

❖ニオイテクノロジーから生まれた香りセンサー
❖環境改善型香り発生機／空気清浄機
❖ニオイを使ったガン検査チップの開発

人間の嗅覚の一億倍あるとされる犬の嗅覚に着目し、研究を続けてきた漆畑直樹社長は、犬の嗅覚を人工的に再現するという画期的な香気センサーを開発した。

生存にとって重要な嗅覚を素材に、次々と画期的な商品を世に送り出している。二〇一一年にはワサビを使った火災報知機でイグノーベル賞を受賞するなど、同社のニオイ・テクノロジーは多くの企業・研究所の注目を浴びている。

香りの科学

「大切なものは目に見えないんだよ」と、サン・テグジュペリは星の王子さまに語らせているが、確かに空気は目に見えないし、心も目に見えない。光は、目に見えるのは可視光線だけで、見えない光が至るところに降り注いでいる。氷山は、見えている部分はほんのわずかで、大半は海の中に沈んでいる。

こうした事実からわかることは、見えないものでもあるということであり、実は見えないものこそが見える世界を支え、つくり上げているという現実である。

さまざまな条件によって姿を変える水も、一〇〇%ピュアな水は電気を通さない絶縁体である。それが、ごく少量のミネラルが入ることで、電気的にまったく逆の性質を帯びて、通常われわれが知っている水となる。

空気同様、香りも目には見えない。だが、その香りが空気中に含まれることによって、実は空気の性質もまた変わる可能性があるのではないだろうか。

シームス（旧社名ピクセン・漆畑直樹社長）は「香りによる社会貢献」を企業理念にする注目すべきベンチャーである。同社が意識的にメッセージしていることの一つは「香りを用いたコミュニケーション」ということだ。

イグノーベル賞を受賞した火災報知システム

通常、われわれは目で見たもの、耳で聞いたものを正しいと思っている。しかし、本当にそうなのだろうか。そう考えたとき、科学の定義の一つとされる「繰り返し観察されること」との原則は、科学が基本的に目に見える世界を対象にしてきたことを示している。従って、嗅覚や第六感、あるいは耳や肌で感じることは、これまではほとんど科学の対象ではなかった。

だが、現実には視覚にはまちがった情報が入りやすい面がある。例えば野菜一つとっても見た目の美しさを装うために、さまざまな工夫や化粧が施されている。その結果、姿形に惑わされて、農薬のかかった栄養価の低い野菜を買わされることになる。あるいは、量子の世界はまったく目では見えない。
耳から入ってくるものも、情報過多の社会では何が本当なのか、まったくわからなくなっている。つまり、視覚や聴覚に重きを置いた従来のコミュニケーション手法は、限界に達している。そして、嗅覚によるコミュニケーションが、これからの社会における重要なカギになるというわけである。

嗅覚の重要性を裏付ける事実が、実はヒトゲノム計画の進展など、遺伝子の研究やDNA配列の解明によって明らかになっている。ヒト遺伝子のレベルでは、視覚に関わる遺伝子が三個、味覚に関わる遺伝子が五個なのに対して、嗅覚に関する遺伝子は、何と五百から七百個と全体の二%を占めている。

「ヒト遺伝子の約二%をニオイに関する遺伝子が占めている。この事実が嗅覚の重要度をそのまま示しているのではないでしょうか」と、高田明和・浜松医科大学名誉教授は語っている。

人間は約一万種類程度のニオイを嗅ぎ分けるとされるが、どのように嗅ぎ分けるかは謎であった。しかも、八〇年代にはたかだか二〇種類と言われていたニオイの受容体が、ラットでは実に一〇〇〇種類、人間でも三五〇種類あるとわかってきた。

米コロンビア大学のリチャード・アクセル教授と、米フレッド・ハンチンソン研究センターのリンダ・バック博士がニオイのセンサーである受容体の遺伝子を突き止め、動物の嗅覚システムを解明。二〇〇四年度のノーベル医学生理学賞を受賞した。

二人のノーベル賞受賞は人間の五感でもっとも解明が遅れていた嗅覚、ニオイのシステムの研究を一気に進めることになった。その意味では、ニオイの世界がようやく科学的として扱われるようになった。

花や料理のニオイは、ニオイの分子が鼻の細胞の表面にある受容体に結びつき、神経を通して信号が脳に伝えられる。つまり、ニオイのシステムの研究は、その先に脳全体の理解への道を開くものになると期待されているのだ。そうした香り、ニオイの持つ力をさまざまな分野に応用した製品を開発しているのが、シームスなのである。

バイオミメティックス

花の香り、香水などのニオイは、いつの時代も愛されてきたが、最近はあらゆるスペースやものにも香りが使われるようになった。あるいは、世の中に蔓延する香りとは逆に、ニオイを消すための消臭剤やスプレーなどがヒット商品になっている。香り、ニオイに関するビジネスはまさに花盛りである。

だが、シームスはよくある香料会社、アロマテラピーその他、一つのカテゴリーに収まるような企業ではない。漆畑社長の説明では同社は「基本的にバイオミメティックス（生物模倣工学）

の会社だ」という。ミメティックスとは模倣、真似の意味である。

そのポイントについて、漆畑社長は「自然の中でできているシステムというのは、科学的に見てもほぼ完璧なものが多い。そうであれば、その仕組み、システムをよく観察してそれらの機能を真似たほうがいい。つまり、ニオイであれば、人間が感じないニオイを感じているネズミとかウナギ、イヌの嗅覚を利用するわけです」と、語る。

訓練されたイヌ、例えば警察犬には一般の人間の嗅覚の一億倍の力があると言われている。そんなイヌの嗅覚に着目し、研究を続けてきた漆畑社長が考えたことは、バイオミメティックスを応用した技術で、イヌの嗅覚を人工的に再現したセンサーをつくりたいということであった。

一般的なセンサーは、例えばガスセンサーは一対七反応。アルコール検知機も一対八。だから、機械での測定は、あくまでも飲酒運転の参考にしかならないのである。その点、訓練されたイヌは特定のニオイに対して、一対一の反応ができる動物といわれている。つまり、Aというニオイに対して、さまざまなニオイがある中からAだけを識別できる。

実は、同社では酵素反応を利用したバイオセンサーで標的香気成分を探索し、従来は不可能であった一対一反応を実現した、実に画期的な技術なのである。

その結果、目的物である乳ガンなら乳ガンのニオイ、肺ガンなら肺ガンのニオイにしか反応しない。こうしたセンサー技術を持っているというのが、同社の特異性である。

シームスの飛び抜けた技術は、それだけではない。香りの不思議な作用には、例えば種類によって、その人の体表面温度を約二度下げたり、逆に上げる効果があることがわかっている。

同社は天然香料の持つ機能を解析し、体表面温度を変化させる香料を開発。例えば、オレンジの香りを嗅ぎ続けると、副交換神経が優位になる。夜寝る前に手足、つまり末梢が温かくなるのは、副交換神経が優位になっている証拠である。つまり、現代人に多い不眠症や睡眠障害は香りで治るのではないかと、一部で期待もされている。

しかし、オレンジの香りはリモネンという物質が中心で、この香りを機械仕掛けで出すことは、これまで不可能だった。エッセンシャルオイルがプラスチック類を溶かすため、機械が壊れてしまうからだ。そうした問題を解決、プラスチックを溶けなくする技術もまた、同社のノウハウなのである。

自然の不思議

イヌの嗅覚に限らず、自然の仕組みというのは、ほぼ完璧なシステムである。例えば、一般の空気清浄機というのは、例えばガス相のＶＯＣ（揮発性有機化合物）やホルムアルデヒドはほとんど、除去できない。ところが自然の中では雨上がりの状態だと、そうした物質は存在することができないという。

その雨上がりの状態を再現したのが、同社の主力商品の環境改善型香り発生機および機能性リキッド「シーロマ」である。

事実、雨上がり同様、森の中では植物が消臭・抗菌などの浄化作用を行っており、私たち人間に何かしら快適で心地よい雰囲気をかもし出している。

シーロマは森林における植物成分の働きのうち、消臭作用、抗菌作用に関する有効成分に着目。約二十種類に及ぶ天然の植物についての基本的な研究をもとに、身の周りの不快なニオイに対して、大きな消臭効果を有する約四十種類を選んでつくり上げたものだ。

つまり、フィトンチッドといわれる森林植物の成分をベースに、天然抽出香料と高分子コロイド（溶液）を複合させたヒノキやローズ、オレンジ、ペパーミントなどの機能性リキッドが用意されており、希望に合わせてブレンドした香りをつくり出すこともできる。

従って、シーロマは従来からある強い芳香を発することによって、いわゆるマスキング作用で他の悪臭をごまかすというものではない。その成分が空気中に気化されて，悪臭に触れると、たちまち包接・分解・中和などの作用を行い、身の周りの不快なニオイを消してしまう。特許出願済みの技術である。

具体的には、北は北海道から南は九州、沖縄までの間伐材から抽出した四十種類ぐらいの木の成分が入っている。その結果、抗生物質でも死なないＭＲＳＡ（メチシリン耐性黄色ブドウ球菌）やO－157、インフルエンザA型などをすべて制菌するというデータが国立大学の医学部などでも出ている。

「スギは緑膿菌を制菌します。しかし、大腸菌には効きません。ヒノキは大腸菌を制菌します。しかし、緑膿菌には効きません。では、その両者を混ぜると、どうなるか。実はどちらにも効かなくなる。しかも、配合されているのはスギとヒノキだけではありません。それらの成分をどのような割合で配分するか。必要なレシピにたどりつくのに、非常に多くの時間と労力がかかりました」と、漆畑社長は自然の不思議について、意外なエピソードを語る。

だが、その問題を解決したことが、同社のノウハウであり、今日の香りのベンチャーとしての最大の強みとなっている

大手との共同開発

香気センサーなど、シームスのコア・テクノロジーは業界でも高く評価されている。そうした技術力を物語っているのが、多くの企業・研究所などとの共同開発であろう。最近では大手空調会社と共同で、シームスの天然素材抽出香料を使って、除菌・消臭効果のある空調システムの研究に着手。二〇〇六年一月をメドに商品化されることになっている。

一般の空気清浄機がガス相の有害物質を除去できないことは、すでに指摘した通りである。タ

バコの煙についても、煙の粒子はかなり除去できるが、一酸化炭素やニコチン、ダイオキシンなどの有害物質の九七％は空気清浄機を素通りし、排気口からまき散らされている。

そのことは、厚生労働省の分煙効果判定基準策定検討会（内山巖雄・京都大学教授）が「空気清浄機は初ガン性物質などの有害ガスをかえって周囲にまき散らす」と、報告書で警告していることからもわかる。

その点、シーロマを利用すれば、除菌・消臭と同時に、硫化水素、アンモニア、トリメチルアミン、メチルメルカプタンという四大悪臭やタバコ臭などが取り除ける他、夏には体表面温度を下げる香りを、冬には逆に体表面温度を上げる香りを供給することで、空調の設定温度の上げ下げができるなど、省エネ面でも高い効果が期待できる。それらの事実に対して、データの裏付けがあることが、同社の強みであろう。

他にも、同社の技術が応用できる分野は多い。すでに三年がかりで取り組んでいるのが、消防庁の独立法人である消防研究所と共同開発しているニオイの火災警報器である。

日本では火災のときに逃げ遅れて亡くなる人の五割以上が、社会的に劣悪な環境に置かれている耳の不自由な人たちだという。その事実を知った漆畑社長は「火災の発生を香りで知らせることができるのではないか」との考えのもと、最終的なテストを経て完成、二〇一一年のイグ・ノーベル賞を受賞している。まさに香りのコミュニケーションツールである。

長年ニオイの世界を追究してきた漆畑社長は「ずっと夢に向かって進んでいても『夢で終わってしまうんじゃないか』と、確信できずに迷っていた時期もあった」という。だが次々と、これまでの研究開発の成果が形になってきて、不安は確信へと変わった。

イヌがニオイを一〇〇％当てるというデータは、日本以外でもアメリカやイギリス、最近ではフランスでも出てきている。そんな世界の流れを見て、彼は「自分たちがやってきたことは正しかった」という自信と自負を、あらためて感じているようだ。事業の夢を語る表情は、爽やかで明るい。

姉の直腸ガン

これまで、多くの企業・団体と共同開発を行ってきたシームスだが、その設立は二〇〇〇年十一月。まだ若いベンチャーとあって、開発は終わっていてもすぐには市場に出てこない有望商品も少なくない。それが画期的な商品であればあるほど、実は資金力、販売力など、企業としての体力が必要とされるからである。

そんな一つが、現在、同社がもっとも力を入れて取り組んでいる乳ガン検査チップセンサーであろう。

同社がいかに真剣に乳ガンの被害から世の女性たちを救いたいと願っているかは、乳ガン撲滅キャンペーン「ピンクリボンフェスティバル」の協賛をしていることでもわかるはずだ。二〇〇五年当時のポスターやチラシの下には、大企業に混じってシームスの名が輝いている。

もっとも、同社のもともとの設立の目的は「ニオイを治療に用いた遠隔医療の特許技術を開発するため」だ。驚くにはあたらない。いまでこそ、IT（情報技術）の発達によって「遠隔医療」という言葉が、現実のものになろうとしているが、それでもニオイをその手段にするという発想は、現在もその中には入っていないのではないだろうか。

だが、漆端社長が「体臭でガンがわかるのではないか」と考えて、ニオイでわかるセンサーの開発を続けてきたのは、彼なりの確信があってのことだ。それが、実は大事な二番目の姉を直腸ガンで失うという忘れられない体験であった。

三十八歳で亡くなった姉は、二年間の闘病生活の中で、体臭が変化していったのである。入院中、見舞いに行ったとき、あるいは外泊したりするとき、歩けない姉を抱きかかえて散歩した。そんなある日、彼は姉のニオイの変化に気がついたという。

「まさに新緑のニオイです。春の芽吹くようなニオイがしたんで『もしかして体が良くなっているのかな』と思っていたら、現実には良くなっていなかったんですね。結局、亡くなってしまいました」

そのことが頭にあった彼は、姉の死後三年たって、一緒にシームスをつくった取締役の種村英樹と田島幸信（当時）の二人と「もし、体臭の変化でガンがわかったら、ものすごく社会性がある し、本当の意味の遠隔医療ができるんじゃないかな」と、よく語り合っていたという。彼らは漆畑社長の着想を理解し、ともに夢を語り合った親しい仲間であった。

だが「遠隔医療を目的とする」ユニークなベンチャーの最初の仕事は、実は設立前から始まっていた。それが、つきあいのあった国際弁理士や弁護士に、特許の出願をお願いすることだった。だが、彼らは口を揃えて、漆畑社長のやろうとすることに反対した。

「社長のいうことは人間の背中に羽をつけたら空を飛べるようになるというようなアイデアですから、特許にはなりませんよ」

「遠隔医療なんて、ましてや体臭でガンを察知しようなんてのは不可能です」

そんな中で元最高裁審議官の、ある弁理士が「面白いじゃないか」といってくれて、ようやく会社設立にこぎ着けたのだ。

最初のヒット商品

思いがけない苦労の末スタートしたシームスだったが、その最初の仕事もまた、自分たちのやろうとしていることの手助けをしてくれそうな大学教授、研究所などを回って、理解と協力を得ることであった。口ではいえない苦労もあったが、それでも彼らが世の中にはないもの、社会性のあるものを追求していることを理解してくれた人たちがいたからこそ、同社の今日があるわけである。

同社では組織運営法の一つとして、いわゆる海兵隊方式を取り入れている。漆畑社長が「弱者の知恵だ」という海兵隊方式の特徴は、八人という少人数のため、意思の疎通が取りやすいこと、七人のクルーに対してクルー長が出すオーダーは、それが何を目的にしているかについては秘密にされることだ。

それは研究開発の分野でも同様で、例えば量子物理学の先生に、ある命題をお願いする。あるいは医学、エレクトロニクス、化学の先生にそれぞれ個別の研究テーマをお願いするとき、その最終的な姿は明確にしない。そのテーマは、相手には「こんなことやって、どうするの？」というものが多いという。

だが、その開発の過程で副産物ともいえるさまざまなヒット商品が誕生してくるのも、日本ばかりか、世界の大学や研究所から出てきた結果を組み合わせた技術が、同社のノウハウになっているからである。

二〇〇〇年八月には、シームスの最初のヒット商品となった「携帯くんくん」が発売された。これは耳の不自由な人向きにニオイで携帯電話の着信がわかるという優れものとあって、関係各方面から感謝されたという。

会社をスタートして一年足らずのうちにヒット商品が生まれたことは、同社にとっては大きな財産となった。携帯くんくんは同社のうたう「香りによる社会貢献」の第一号でもある。

その後、香りで起きる目覚まし時計、アロマ化粧品、香りパンストなどの香り関連商品を発売。さらには、現在の主力商品となっている環境改善型香り発生器「DAA」、および機能性リキッド「シーロマ」のヒットと、順調な歩みを続けてきた。

今後も、すでに発売がスケジュールに乗っている除菌・消臭効果のある空調システムなどの注目商品が控えている。その意味では、ある程度の実績を積み、体力もついてきて、もともと同社の設立の目的であった遠隔医療の入口に、ようやく到達したところなのである。

香りの不思議

姉の死とは別に、もともと漆畑社長がニオイに興味を持ったのは、彼の生まれつきと香りの不思議との出会いがあったからだ。

一九六四年十一月に生まれた漆畑社長は、五歳のとき心臓弁膜失損症の手術をした。冷凍に近い状態で手術が行われ、一命をとりとめた後、父親が言ったことは「あなたは一回冷凍人間になって死んでいるのだから、これからは世の中のために生きるんだよ」ということであった。そのため、同社の商品はすべて「社会性」がキーワードなのである。

少年時代を関西で過ごした彼は、やがて光化学スモッグの激しい地域から、自然の豊かな田舎に移った。ある日、いつものように山の中腹にある美しい木を見ていると、その木が彼に何かを語りかけているように思えた。

「植物の中では、赤い実のなる馬酔木が一番好きだ」という漆畑社長は、後日、その美しい木が馬酔木であることを知った。馬酔木はその葉を破ると、例えば「毛虫が襲ってきた」という認識をして、それまで持っていなかった毒性のあるエチレンガスを出し始める。しかも、そのガスのニオイがコミュニケーションの手段になって、まだ攻撃されていない周囲の木もエチレンガスの組成を始める。

馬酔木の木はまさに、彼に香りの世界の不思議さを教えるものの一つとなった。

やがて、彼は医者になろうと、地元の大学の医学部を目指した。だが、合格後の適性検査で、色盲に近い色覚異常の彼は医者にはなれないことを知らされた。

結局、大学進学を断念。当面の夢を失った彼は「余計なことを考えなくていいように肉体を酷使する仕事に就くように」という父親の勧めに従って、黙々と働いた後、二十一歳で自分の会社を設立した。

社会性のある仕事をしたいと考えていた彼は、エアコンの消費電力を減らす省エネシステムを開発し、特許出願したり、水素発電に熱中した。もう一つ、彼が力を入れたのがハンデのある人たちとの仕事であった。

五歳で心臓の手術をし、色覚異常などのハンデを持つ彼は「障害を一つの個性だと捉えれば、ものごとの考え方がユニークと言われ、健常な人たちには見えていないものが見えるので、結果的にラッキーだった」と語るが、それは常に弱者の視点でものごとを考えることができるということでもある。

そうした視点から生まれたものの一つが、彼が特許を持っている紙製の折り畳みオペラグラスであろう。子どものころ、父親に連れられて甲子園に行くと、興奮したファンの投げるラジオやオペラグラスでケガをする人たちがいた。「紙製ならケガをしないのに」と考えたのがポイントであった。

彼はその紙製オペラグラスを身体障害者の人たちにつくってもらった。そして、大手のスポンサーを見つけて、オリンピックやユニバーシアードなどで大量に配って、彼なりの社会貢献をしてきた。

その後のニオイによる医療など、嗅覚の持つ可能性に気づくことができたのも、視覚にハンデがあったればこそであった。

ガン検査チップ

最近でこそ、ガンとニオイの関係が注目されるようになったが、当初は漆畑社長が「体臭で変化があるはずなんで、先生やってくださいと研究者に提案しても笑ったまま。もう少し勉強してきなさいよ」と、相手にされなかった。まさにゼロからのスタートであった。

だが、人は詰問されたり、叱責されたりすると、冷汗や脂汗が出る。そのとき、体臭変化を起こすことは、いくつもの大学の実験で証明されている。そのメカニズムはガンの場合も同じではないのかということから、彼は香りの研究に取り組んできた。

事実、ハツカネズミは人間より早くガンを見つける。ある種のハツカネズミのメスは八割ほどが乳ガンで死ぬのだが、乳ガンにかかると、驚異的な繁殖力を持つオスが、そのメスに対する交尾を止めてしまう。それは、いくら精密機械で調べても乳ガンなど見つからない段階でのことだ。ところが、三か月後にはそのメスから乳ガンの細胞が見つかる。

そうした動物の特殊な能力について、例えば「ガン探知犬」（ラブラドール・レトリバー）は、肺ガン患者の呼気を一〇〇％当てるということで週刊誌や新聞でも記事になっている。そのイヌはシームスが共同研究しているものである。

海外では二十年以上前からイヌの嗅覚によるガン発見例があり、論文も発表されている。その意味では最先端科学、そして医療に関わることなのである。

実際の突破口となったのは、同社の元役員でもある宇都宮譲二・兵庫医科大学名誉教授の実績であった。教授は直腸ガンの父親を持つ子どもが何％の確率で発病するかの測定方法を編み出していた。

漆畑社長が教授を訪ねていったのは、ガンを発病する前の健康な細胞と、その後発病した細胞のニオイのちがいを確かめたかったからだ。実際に比較してみると、彼の予想通りの物質が差異として出てきたのである。

試験官レベルでは、すでにその差異が明らかになっており、いまは人体で臨床実験をやっている。乳ガン検査チップセンサーは、九割以上完成しており、妊娠検査キットと同様の雑貨として、非常に安価で手軽に乳ガンがあるかどうかがチェックできる。

日本人女性の三十人に一人がかかると言われてきた乳ガンは、いまや二十二人に一人とまでいわれているだけに、漆畑社長は「乳ガンに対する意識を高めるだけでも価値があると思っています」と語る。

乳ガンの他には、すでに肺ガンと胃ガンのセンサーが完成している。今後も、医療分野ではガン以外に、特定のニオイがあるというＨＩＶ（エイズ）患者の呼気の診断を始めたいとの計画もある。

もちろん、将来的には医療ばかりではなく、番犬に代わるセキュリティ分野、回収前のペットボトルの制菌といった環境分野など、さまざまな産業・工業分野でも、同社のニオイ・テクノロジーの応用範囲は広い。

その可能性は、まさに無限のように思えるが、だからこそ「日の丸ガンチップファンド」と称するプロジェクトを立ち上げて、いろんな企業に参加してもらいたいというのが、漆畑社長の考えである。

「ガン検査チップが普及すれば、崩壊しかけている医療財政の根本が変わります。しかも世界がマーケットですから、国を救う話になると思う」と、強い口調で語る。

日本の技術は優秀なものが少なくないが、世界のマーケットに出ていける技術というものは、そうはない。「日の丸」とつけたのは、この技術がそうしたものの一つであるとの自負があるからであろう。

❖　❖　❖

再生医学の最先端を行く幹細胞治療

初めてシームスの漆畑直樹社長を訪ねていったのは、かれこれ七年前。経営者もまだ若く、将来性のある注目すべき香りのベンチャーだということであった。当時はまだ「ピクセン」という社名で、ガン探知犬が週刊誌などで話題になり始めた頃である。

雑誌掲載後、二〇〇六年十月に社名を変更。シームスとして、今日に至る。新社名のシームス（ｓｅｅｍｓ）は「Scents Energy for Environment, Medical and Security」の頭文字を取ったもので「環境、医学および安全に関する香りの力」を意味する。同時に、英語のＳｅｅｍｓの「……のように見せる」というバイオミメティクスの意味も込められている。

事業拡大のため、第三者割当増資により資本金を増やして、二〇一〇年には本社を東京ウォーターフロントのタイム２４ビルに移転。好調さを世界にアピールするかのように二〇一一年九月には、耳の不自由な人にわさびのニオイで火災の発生を知らせる「におい火災警報システム」の開発でイグノーベル賞（化学賞）を受賞している。

そして、現在もっとも力を入れているのが、再生医療の分野である。すでに同社の関連クリニックなどで具体的な治療を行っている幹細胞治療面での実績もある。再生医療は京都大学の山中伸弥教授が開発したｉｐｓ細胞（人工多機能性幹細胞）が有名だが、その実用化は二〇二〇年以降と見られており、体制整備面での国の関与も取り沙汰されている。

幹細胞とは「細胞を生む細胞」であり、いろんな細胞や組織に変化する元となる特殊な細胞のことをいう。いわゆる幹細胞治療には胚細胞の一部を使い、クローン技術などを用いるＥＳ細胞の他、生体の組織から採取したものを比較的簡単に培養でき、自家移植が可能な間葉系幹細胞がある。その間葉系幹細胞も骨髄由来のものが全身麻酔を必要とするなど、患者への負担が大きいのに対して、シームスが開発をめざす脂肪由来幹細胞（ＡＳＣ）の場合は局部麻酔ですむ。同社が「さまざまな種類がある幹細胞の中でも、採取が簡単で、安全性が高く、その有効性が多岐にわたるＡＳＣは、再生医療の鍵となる細胞として注目を集めている」と、優位性を謳っているのは、そのためである。

こうした有望商品の開発を終えて、本格的なビジネス展開をスタートするベンチャーとしてまさに「これから」という時、問題になるのは資金力である。本文でも「それが画期的な商品であればあるほど、実は資金力、販売力など、企業としての体力が必要とされる」と指摘しているように、ベンチャーには将来の成功のための投資を行うエンジェルの存在が不可欠だという現実がある。

ベンチャーに関わる投資家は、経営のプロとして起業家と夢を共有し、新事業を立ち上げ成功に導くことが、本来の役割のはずである。だが、現実には往々にして成功の直前に資金的に足をすくわれる形で挫折を余儀なくされる。そうやってベンチャーの画期的な技術が、いくつも大企業の手に渡っていく。そうしたベンチャーの悲哀は、ほとんど日常茶飯事である。

長年、ジャーナリストとして私が見てきたのも、社会貢献、利他を説く多くの経営者が、自らの言葉を裏切る行為を率先して行っているという悲しい現実である。

シームスの場合はどうなのか。シームスの今後を注目したい。

第7話

日本型バイオ・お米の持つ無限のパワーを追求する「勇心酒造」

徳山孝　社長

❖ライスパワープロジェクトから生まれた化粧品
❖大手化粧品、製薬メーカーで使われる「ライスパワーエキス」
❖売上高に占めるお酒の割合は一％以下

瑞穂の国・日本を支えてきた「お米」に秘められた力を研究する「ライスパワープロジェクト」の中心的存在である勇心酒造の徳山孝社長。同社が開発した米発酵エキス「ライスパワーエキス」は、大人気の化粧品だけではなく、低アルコール酒、医薬品など無限の可能性がある。日本型バイオによる「お米」の力を用いて、世界の環境・健康・平和に貢献できる道を探究する。

日本人の原点

その昔、古々米の処理に困った政府は、日本のビールメーカーに米を使ったビールの研究開発を命じたことがあった。その事実がマスコミで問題にされ、やがて原材料表示がなされるようになって、ビール（麦酒）には麦と並んで「米」と書かれることになった。そんないきさつがあるぐらいで、古々米処理の問題はいまに始まったわけではない。

食の多様化、パン食人気に押され、最近では古々米に加えてＭＡ米（割当て外米）などの余剰米が大問題になっている。保管のための倉庫代だけでも、莫大なコストがかかるため、政府でも何とかいい方策はないかと躍起になっている。口の肥えた日本の消費者からは「まずい」と敬遠され、海外援助に回そうにも「いらない」と拒否され、いまでは流行りのバイオエタノールをつくるしかないという話が、真剣に論議されている。

だが、余った米を燃料にする話を「そいつは名案だ」と歓迎する向きがある一方「バチが当たる」と懸念する人たちもいる。言うまでもなく、日本は瑞穂の国と称されてきたように、お米こそ日本人および日本文化を形づくってきた、まさに原点だからである。

事実、日本人の肌がきめ細かくて美しいのは、お米の力を証明するものであろう。さらに日本の気候風土に合った主食として、日本人の精神はお米からつくられたと言っても過言ではない。その大切なお米が邪魔もの扱いされている。お米を大事にしないことは、日本を大事にしないということでもある。

「日本人として、そうした現状は何とかしなければならない。もっとお米の力を有効に使うことはできないのか」

ライスパワーエキスを配合した化粧品「ライース」シリーズ

そう考えている人は少なくないはずだ。低迷するお米の需要を喚起し、農業を盛んにして食の自給率を上げていく。それはそのまま日本の国を守るだけではなく、日本の伝統文化を守り育てることにつながる。そんなお米の力を利用するために、どのようなことができるのか。「ライスパワープロジェクト」はその実験の場でもある。

ちなみに、ライスパワーは勇心酒造㈱（徳山孝社長）の登録商標であり、同社を中心に同プロジェクトを支援する宮城の「一ノ蔵」をはじめとする三十数社の酒造メーカーとともに、厳しい業界環境の中での生き残りをかけ、お米の力をあらためて追究することで「お米に秘められた不思議な力」を引き出し、新たな商品開発、ライスパワーを見直すための事業展開、さらには日本の伝統文化の価値を再発見するための活動をライスパワープロジェクトの名のもとに展開してきた。

一九九〇年に行われた「ライスパワープロジェクト」宣言は、同プロジェクトの命名者である河北秀也・東京芸大教授が「人類の意識改革、環境問題、西洋的思考からの脱却、日本からの文化発信など多くの総合的要素を含んだプロジェクトである」と語っているように、自分本位な「生きていく」という考え方の時代から、自然や環境の中で「生かされている」という考え方の時代へ、基本哲学の転換を目標にしている。その意味では、同プロジェクトは酒造業界だけのものではなく、二十一世紀の日本さらには世界に、お米を通じて貢献したいとの思いが形になったものだ。

お米の力

ライスパワープロジェクトを展開し始めた当初、企業社会の現実を直視することの中から、逆に日本から世界へ目を向けて、地球人としての発想を説く徳山社長の話は、「浮世離れしていて、宇宙人のようだ」と言われていた。

当時の苦労は察するに余りあるが、今では具体的な商品、素材開発という形での実績とともに、時代が追いついてきたということか。徳山社長の言うことは、まさに正論であるとして、理解を得られるようになっている。

ただ、それは相変わらず個人や一企業が担うには大きすぎるテーマであることに変わりはない。つまり、本来は国がやるべきことを地方の心ある企業が力を合わせて、お米に関するプロジェクトを展開することで、日本を変えていこうというのだから、大企業や有名財団が金と力に任せてやるようなわけにはいかない。

それでも着実に前進しており、十分過ぎるほどの成果を上げてきたというべきだろう。事実、誰でも同社の米発酵エキス「ライスパワーエキス」を用いた低アルコール酒などの商品や化粧品を、どこかで耳にしたり、目にしたことがあるはずだ。

このライスパワーエキスとは、その名の通り、お米から抽出したエキスに麹菌や酵母、乳酸菌などを加え、さまざまな発酵法を組合せることによって生み出される、新たな機能を持つ米発酵エキスのことだ。発酵法の組合せやエキスの製法のちがいによってライスパワーNo.が異なり、ちがった機能を持つ。外用素材はライスパワーエキスNo.1から始まり、内用素材はNo.101から。調味料など、その他素材がNo.201からという形で、三十六種類のエキスが開発されており、うち九種類が実用化されている。

アトピーに効果があるNo.11を主成分に、二〇〇二年に商品化された勇心酒造の「アトピスマイル」は、ほとんど宣伝しないにもかかわらず、発売一年で十二万個を売った。その他、ライスパワーエキスは同社の化粧品「ライース」シリーズ以外にも数々の有名企業の製品に使用されてきた。二〇〇四年にライスパワーエキスNo.11を配合した薬用化粧品として「コーセー」から発売され、年間百万個を超える大ヒットを記録した「モイスチュア・スキンリペア」。香川県の通販会社「アイム」の「ライスフォース」化粧品シリーズなど。特に、アイムはテレビコマーシャルを行って、年間四十五億円の売上げを達成するようになる。勇心酒造の強みは、これだけ売上げがあるにも関わらず、中身に関する苦情やトラブルがほとんどないことだ。

さらに、胃潰瘍の予防・治癒効果があるNo.101を配合した「バリアケア101」や低アルコール酒「米米酒」、愛媛の「八水蒲鉾」の水練り製品などがある。このうち「胃にやさしい」米米酒は、勇心酒造を支援する酒造メーカー各社が、それぞれ独自のものを出しており、これまでの日本酒の概念を覆す「飲めば胃潰瘍が治る酒」というわけである。

一方、古くはエーザイから発売された入浴剤「クアタイム」の他、アサヒビールが出した「穣三昧」、パスコ（敷島製パン）の「お米入り食パン」など大手企業から発売され、当初は大いに話題となったが、さまざまな事情から今は消えていった商品もある。

日本型バイオとは

勇心酒造は日本酒で培った発酵技術を駆使して、日本型バイオテクノロジーを追究してきた。その結果、売上げに占めるお酒の割合は、わずか一％以下。まさに勇心酒造とは言うものの、中身は日本型バイオ企業そのものなのである。

だが「なぜ日本型バイオなのか」を考えたとき、答えはライスパワーエキスの特徴にある。つまり、ライスパワーエキスは生体機能を健全化することと、何よりも安全であり、それらが科学的にも証明されていることだろう。「西洋型バイオは目的を達成するのに遺伝子を組み換えていく。単純明快ですが、自然界にないものを生み出すので、必ず副作用という問題がついて回る。それに対して、私どもの日本型バイオは微生物の力を借りて、目的を達成する。しかも長年、食品に利用されてきていて、人体実験もすんでおり、非常に安全です」

こう徳山社長が強調するように、現在、実用化されている素材は、すべて蒸留水よりも安全なものになっている。そのベースとなる技術は日本の清酒醸造技術の集大成であり、だからこそ、日本型バイオテクノロジーなのである。

昔から米ぬかがお肌にいいことは、よく知られている生活の知恵である。その他、肥料代わりに使われるお米のとぎ汁や、欠けた陶器の接着剤になる米粒など、お米の利用法は少なくない。もともとお米は清酒ばかりではなく、みりんや麹、米菓など生活に密着した用途開発が行われてきたが、お米に限らず日本人にとって、もっとも身近な科学の一つが味噌、しょう油、酢などを含めた醸造、発酵の世界であった。その生活に密着した科学が明治以降、近代科学が台頭する中で忘れられる形で、新たな用途開発がまったく行われてこなかった。いわば、徳山社長はそこに目をつけたわけである。

彼が「技術自体は本来、清酒づくりの中に眠っていたものです。それを創造と科学を合一することによって、掘り起こしただけなのです」と語るのは、そのためである。

興味深い特性

ライスパワーエキスの特徴は、すでに述べてきたが、中でも興味深いことは、発酵法の組合せによって、まったく正反対の作用を持つ素材ができてくることだ。例えば、No.7は皮脂分泌を促進するのに対して、No.10は逆に皮脂分泌を抑制する。その特徴により、No.7は乾燥肌やカサカサ肌の人に、No.10はニキビや脂性の人に効果的というように使い分けることができる。

例えば、ニキビの場合、毛穴の奥にある皮脂腺から出る皮脂が多量に出過ぎて、悪性菌に感染すると炎症を起こしたり、ニキビができる。西洋薬ではこれを殺菌し、炎症を抑える。いわゆる対症療法であるのに対して、ライスパワーエキスは皮脂腺自体を縮小して、皮脂自体が出てこなくなるようにする。だから、予防にも治療にもなる。

しかも、西洋薬とはちがって副作用がないと、いいことずくめである。ライスパワーエキスの機能は、実にさまざまであるが、世界で初めて皮膚の水分保持能改善剤として、厚生労働省より認可された成分が№11である。決定的な治療薬がないアトピーや乾燥肌、カサカサ肌に悩まされる乾燥した冬に、数多くのクリームや保湿剤が発売されている。

だが、クリームは基本的に脂の膜で皮膚の表面を覆うことで、皮膚の表面から水分が逃げていかないようにするだけであり、また従来の保湿剤は吸水物質を皮膚表面に付着するだけで、皮膚そのものを健全化することはできないとされる。つまり、皮膚に対する効果は認められていない。

それに対して、ライスパワーエキスは皮膚の角質層を健全化し、表皮全体をみずみずしい、より健全化された皮膚に改善する効果が認められて、厚生労働省から「皮膚水分保持能の改善」として新規有効成分の認可を受けたわけだが、この分野の医薬部外品での新規効能は、現行の薬事法が制定されてから初めてという画期的な成果である。

そのため、アレルギー素因と皮膚バリア障害とが一緒になって起こるとされるアトピーに対しても、皮膚バリア障害を治す初めての素材として、No.11はアトピー性皮膚炎の発症予防・悪化防止に対する有用率が八九・四％と、驚異的な結果が出ているのである。

ただし、医学的には有効成分が何か、あるいは治療のメカニズムおよび理論が完成していないため、医薬品としての利用は、今後の研究課題である。

だが、もともと「一粒の米の中にさまざまな問題解決の鍵がある」との発想のもと、具体的な活動としては当面はライスパワーエキスの開発がクローズアップされてきたが、その可能性はほとんど無限である。

事実、ライスパワープロジェクトの目指す世界は、環境問題への取り組みの他、日本のアイデンティティーの創造、世界に貢献できる新たな価値観の創出、そして米の新たな需要の創造なのである。その意味でも、勇心酒造のお米に関する企業としての具体的な取り組みは、ライスパワープロジェクトのほんの入り口にすぎない。

酒蔵の跡取り

日本人は古来お米を食べて、お米からできる清酒を飲んできた。その大切なお米の消費量が減って、清酒もまた長期低落傾向に歯止めがかからない。農家および米屋が家業を捨て、酒造メーカーが潰れ、酒屋がコンビに変わっていく。

その一方で、海外ではヘルシーな和食が注目され、回転寿司が人気になっている。和食ブームと同時に、日本酒（ＳＡＫＥ）の輸出も増えている。日本でも、健康と美容がビジネスになる時代とあって、お肌がきれいになるということから、若い女性にマクロビオティック（玄米菜食）や日本酒人気が高まっている一面もある。

ライスパワー・プロジェクト推進会議が編集した小冊子「ライスパワープロジェクト」（日本酒ライスパワー・ネットワーク発行）の表紙には「米に秘められた不思議な力に魅せられて」という言葉と「日本酒蔵元の夢と探求の物語」という副題が書かれているが、その夢と探求の物語は、一八五四（安政元）年創業の酒造メーカーが、なぜ日本型バイオのベンチャーとして生まれ変わったのかという解答であり、日本酒メーカーの生き残りをかけたチャレンジの軌跡でもある。

徳山孝社長は一九四一年、勇心酒造の長男として香川県綾歌郡に生まれた。老舗の酒造メーカーでは長男が跡を継ぐものと決まっていた。彼自身、物心つくころから、それを当たり前に受け入れてきたというが、実際には周りから酒造りを叩き込まれるということはない。昔ながらの蔵元は、蔵人が酒を造って番頭が売る。経営者である当主は書画や芸事をたしなみ、芸者遊びが仕事という、良く言えば地域の文化人。そんな父親を見て育った彼は、高校卒業後は大学に行かず、何年か父親のもとで当主としての心得を学んだ後、家を継ぐものだと信じていたという。

高校三年の夏休み、それまで「大学は働かなければいけない人が行くところだ」と言っていた父親が、突然「このごろは大卒じゃないと嫁の来てがない」と言い出して、結局、東北大学農学部農芸化学科に進学。どちらかというと、科学とは無縁の生活を送ってきた彼の理科系人生がスタートした。

「酒を考えるとき、酒だけを見ていたのでは本質は見えてこない。酒にとらわれていては酒は見えてこない。飲む酒だけがすべてだと見てしまうと、行き詰まってしまう。その先にあるものに着目してこそ、酒の本質が見えてくる。そして、その先にあるものこそが、お米という素材そのものの力なんです」

いま思えば、彼の人格を形成してきた文化的素養、アナログ的思考法が身についていたからこそ、お米や清酒の先に日本型バイオテクノロジーの可能性を見ることができたということだろう。

二人の出会い

東北大学でお酒をテーマに研究を続けていた徳山社長だったが、家業を継ぐといっても、当時の清酒業界はすでに斜陽化が進みつつある時代であった。つまり、肝心の酒造メーカーの将来は明るいとは言えなかったが、逆に研究そのものはお酒について学べば学ぶほどその奥深さ、特に伝統的な発酵技術に大きな可能性を感じとることができたという。

東北大卒業後、東大大学院の修士課程から博士課程に進み、五年間研究生活を送ることになったのも、そのためであった。日本型バイオのヒントとなったのも、大学院の授業で見た「清酒の酒母の微生物相の変化」を示すグラフであった。それは清酒の酒母がつくられる過程における栄養条件と酸の変化を追ったもので、要は人間はちょっとした温度コントロールを行う程度で、あとは各種微生物の自然淘汰を巧みに利用するだけで目的が達成される。そのグラフこそ、日本人の自然観が技術的に反映されている証明ではないかと、直観した。その閃きが、後のライスパワーエキスに結びついていったのだ。そして「ライスパワープロジェクト」構想の萌芽は、実はこの大学院時代にあった。それが、宮城県の酒造メーカー「一ノ蔵」会長（当時）の鈴木和郎氏との出会いであった。二人を引き合わせたのは、徳山社長の恩師である植村定治郎・岩手大学学長（当時）。それまで面識がなかった二人だが、鈴木氏は東北大学で徳山氏の一年後輩に当たる。同じ酒造メーカーの跡取り息子同士ということもあり、すっかり意気投合。清酒業界の現状と将来について、夜を徹して語り明かした。

当時、鈴木氏は日本の伝統的な基幹産業であった醸造発酵産業が明治以降、すべて衰退していることについて「酒屋が酒だけ、味噌屋が味噌だけ、お酢屋が酢だけ考えているからだんだん行き詰まってくる。生産から加工・流通・消費まで、また産・学・官・消費まで含めた地域創造運動の核にわれわれ酒屋を位置づける必要がある」と語り、業界構造について、若者らしい夢のような展開を考えていた。

「大手メーカーの大卸－卸－酒販店の商流は大量生産・大量広告・大量販売によってナショナルブランドを生み出して地方を席巻し、中小メーカーは廃業の岐路に追い込まれている」「中小メーカーは、もう一度その存在の意味と価値を認識して、お互い横の連携と連帯を行い、業界の革新を目指そう。千石のメーカー百〜二百社が連携すれば、十〜二十万石のメーカー群が生まれる。当時のトップメーカーが約三十万石。何とか業界の流れを変えることが可能ではないか」

徳山社長もまた、鈴木氏相手に「時代が大きな転換点に来ている今、あらゆるものをもう一度、原点より見直さなければならない。清酒の原点とは突き詰めれば、日本民族の自然観に行き着く。この原点に戻れば無限の可能性がある」と、自分なりの研究テーマを語った。

それこそ、彼が日本の原点に立って開発に取り組んだ「日本型バイオ」という新しい考え方、技術であった。徳山社長の話に共鳴した鈴木氏は「自分が清酒業界に新たな動きを起こす」と誓ったという。

二人の出会いがなければ、おそらくライスパワープロジェクトは結実することなく、一人の若者のはかない夢物語に終わっていても不思議ではない、まさに運命的な出会いであった。

苦難の日々

一九六九年、東大大学院農学系研究科を卒業した徳山社長は、国税庁醸造試験所に就職した。

酒造りの基礎である応用微生物学を学んだとはいえ、実際に家業を継ぐには、もう少し酒について勉強する必要を感じたからだ。七一年に帰郷、翌七二年には、社長に就任。五代目としての彼の使命は、伝統ある酒造りとお米の総合利用研究を同時に行うことであった。

昼間は経営者として酒の販売量を上げることに努め、研究のほうは夜に自宅の台所を使って細々と行っていた。お米を原料にさまざまな発酵を試みる程度なら、自宅の調理器具にビーカーや試験管を用意すればできる。

だが、家業の現実は厳しく、戦前は千石あった清酒の生産量が三百石にまで落ち込んでいた。酒蔵の経営状態を何とかしなければ、研究どころではない。まずは経営に専念し事業の建て直しを図ることで、三年後の七五年には何とか清酒の生産量を千二百石にもどすことができたという。

ところが、生産量は上がっても、利益が出ない。売れば売るほど赤字になる。そんな時代環境の中、本業の清酒に替わる商品開発に取り組んだ。その第一号がお米を原料に醸造と発酵のノウハウを用いて完成にこぎ着けた旨味調味料「ゆうしん」であった。

本来、和食の味付けの基本は清酒であったことから、およそ二年がかりで完成した「ゆうしん」は、七七年の発売以来、同社のロングセラー商品になっている。そこには、和食の世界で本格的な基礎調味料が求められていたという背景があったからである。

その後も大麦エキスや大豆酢などの開発に成功。七九年から、同社は清酒の生産量を減らし、老舗の酒造メーカーから日本型バイオテクノロジー会社へと脱皮を図った。だが、製品の良さに自信はあっても、ヒット商品にしていくには乗り越えなければならない課題は少なくない。そこで、八三年に研究分野を本来のお米の素材開発に特化。お米を原料に日本型バイオを駆使して開発したのが、八四年に発売された低アルコール酒「あ、不思議なお酒」であった。同商品はお米の素材の研究開発に専念する勇心酒造を支援する組織である全国の日本酒蔵元集団「コンポ・バムバム」の共同銘柄第一弾として発売された。通常の清酒の醸造発酵過程を変えてつくり出した新しいタイプのお酒として、いまでも根強い人気を保っている。

八七年には医薬部外品の認可を受けた米発酵エキス使用の入浴剤を発売。温浴効果とともに、皮膚健全化作用や脳内物質のベータエンドルフィンを増加させる癒しの効果があることも判明。

八九年にライスパワーエキス№1（表皮の健全化）の開発に成功。翌九〇年には「ライスパワー・プロジェクト宣言」を行い、次々と新たなライスパワーエキスを開発し、商品化を行い、大ヒット商品となった。

九九年には「コンポ・バムバム」を発展的に解消。新たに「日本酒ライスパワー・ネットワーク」を設立。二〇〇一年には、同組織の統一ブランドとしてライスパワーエキス№101を加えた低アルコール酒「米米酒」を発売した。同じ低アルコール酒でも「あ、不思議なお酒」は、ライスパワーエキスを用いたものではなかったからである。「米の旨さは知っている。米の力は誰も知らない」というキャッチフレーズの「米米酒」は、アルコール度数が八％以下、酸味と甘さがほど良くブレンドされた爽やかな味で、これまで日本酒を飲まなかった層に人気を博している。

言葉にすれば簡単なようだが、七九年に日本型バイオ企業への脱皮を図ってから、すでに三十三年。「ライスパワー・プロジェクト宣言」を行ってからだけでも二十二年になる。その間の苦労は、一ノ蔵の鈴木会長その他、多くの人たちの支援があったとはいえ、計り知れないものがある。第一、研究開発には莫大な資金が必要である。事実、徳山社長はライスパワープロジェクトを実現するため、先祖から受け継いだ土地約五千坪を毎年切り売りして、事業資金に充ててきた。その土地も八五年にはすべて売り尽くしてしまった。

その後も、勇心酒造は何度も倒産の危機に瀕したというが、その都度、危機を奇跡的に乗り越えて、二〇〇二年、社長就任三十年目にして、ようやく初の黒字を計上することができたという。

第一回シンポジウム

「西洋のヒューマニズムを『人道主義』と訳したのは、とんでもない誤訳だと思う。ある学者が言っていましたが、あれは『人間中心主義』と訳すべきなんです」と語る徳山社長には、現在の人類が直面している問題の根底にあるものこそ、これまで世界を席巻してきた西洋的な考え方であり、人間中心主義だという思いが強くある。

「現在、人間と自然が大きく乖離してきていること、物と心のバランスが崩れてきたこと、そして地球が有限であることがわかって、人間を中心として万物が存在するという西洋的な考え方が、もう行き詰まっていると思う」との認識のもとに、徳山社長は「これからの時代は微生物も人間も、自然の一員として生かされていることを知って、創造と科学の合一を進める必要がある」という。

その具体的な成果として、生活に密着した世界でも実感できるようにと、西洋と東洋のいいところを両方取り入れる形で開発されたのがお米を使った天然素材であり、その一つがライスパワーエキスであった。

その研究姿勢は「私どもが地方の中小企業に向けて素材を開発し供給する中央研究所の役割を担っていけばいい」との立場を貫いている。つまり、ライスパワーエキスを共通の財産として、中小企業のため、弱者のために役立てたいという意識が原点にある。

その先には、世界に貢献できる価値観の創出ばかりではなく、日本のアイデンティティーの創造、環境問題への取り組み、お米の新たな需要拡大といった目的がある。そのための活動の一環として、勇心酒造では二〇〇三年に「第一回ライスパワーシンポジウム」を開催。「米の新時代を拓くライスパワー」をテーマに、専門家による「ライスパワーエキス№.101はピロリ菌感染による胃炎を抑制する」「ライスパワーエキスNo.11はアトピー性皮膚炎発症予防・悪化防止効果」などの講演が行われた。

こうした活動ができるのも「日本酒ライスパワーネットワーク」以外にも、東京大学その他の大学の研究者が「天然物薬用研究会」を発足させ、ライスパワープロジェクトの推進に大きな役割を果たしているからである。他にも、構想としては日本文化研究をテーマにした「ライスパワー文化研究所」や、ライスパワーの社会的認知を図るための「ライスパワー推進協議会」などがある。

その意味では、ライスパワー商品がようやく世の中で脚光を浴びるようになって、ライスパワープロジェクトはさらに大きな展開を遂げる時期が来ているのである。

❖　❖　❖

一般社団法人「ライスパワープロジェクト」

勇心酒造の好調ぶりは、例えばライスパワーエキスを使用した、香川の通販会社「アイム」の化粧品「ライスフォース」シリーズの展開によく表れている。東京のテレビでCMが流れ、テレビショッピングやネットでの人気が鰻登りで、「ライスフォース」の販売本数は二〇一一年七月の時点で、すでに「八百万本突破」という勢いである。

ライスパワーNo.11をたっぷり配合した「ライースリペア」

また「創業百年企業」として注目されることも多く、ＮＨＫその他メディアでも紹介されている。雑誌掲載後の変化としては、二〇〇六年、地元・宇多津産古代米を使った低アルコール酒を開発。翌二〇〇七年、コメの総合利用研究で、かがわ産業支援財団主催の「芦原科学賞」大賞の他、政府主催の第二回「ものづくり大賞」で優秀賞を受賞している。

二〇〇九年には古代米低アルコール飲料「RICEENOIR（リセノアール）」を商品化。二〇一一年にはライスパワーエキス№11をたっぷりと配合した本格エイジングケア化粧品シリーズ「ライースリペア」を商品化するなど、着々と研究成果である商品のラインナップを増やしている。

そんな勇心酒造のビジネス展開について、久しぶりに会った徳山社長は「勇心酒造の本体は研究所ですから、その他のことは何をやってもうまくいかない」と控えめに語る。その意味では相変わらず、営業が課題のようだが、他にはない技術・日本型バイオの最先端を行くだけに、研究所での成果は確実に上がっている。申請その他、時間がかかるため、公表できるまでには時間がかかるが、逆に今後の新商品が楽しみであると同時に、まさにこれからなのである。

五代目社長在任四十年という徳山社長には、いかに家業を守るかという課題もある。その点は、彼と同じ研究者生活（分析化学）を送っていた長男（三七）が七年前に、勇心酒造に入社。そして神戸大学農学部大学院を卒業後、醸造試験所を経て、ドイツにビールの勉強をしに行った三男が勇心酒造に入社するなど、新しい世代へのバトンタッチもスケジュールに乗りつつある。

二〇〇七年、もともと徳山孝社長がライスパワープロジェクトを展開する上で欠かせないパートナーであった宮城県「一ノ蔵酒造」の鈴木和朗会長（当時）を失なって、その後の展開が懸念されたライスパワープロジェクトも、二〇一〇年十一月に一般社団法人「ライスパワープロジェクト」として設立され、新たな取り組みが始まっている。

その大きな成果が、二〇一一年二月〜三月にかけてパリで開催された日本とフランスの文化交流事業「日本のこころ週間」でのシンポジウム「こころ-日本文化のエッセンス」と文化講演「ニッポン　一粒のコメに秘められた無限の可能性」であった。体調を崩して参加できなかった徳山社長の代わりに徳山誠専務が渡仏。その大任を果たしている。

シンクタンク「構想日本」の加藤秀樹代表のプロデュースで行われたシンポジウムの顔ぶれは、俳人の黛まどかさん、左官職人の挾土秀平「職人社・秀平組」代表、田中陽子「工芸店ゆずり葉」店主と徳山専務の四人。徳山専務の文化講演には一部、在仏の日本人が交じっているぐらいで、聴衆のほとんどはフランス人。それも大臣経験者をはじめ、かなりの大物が集まって、およそ五百名入るホールが満席状態だったというから、フランスでの日本文化への関心の高さがわかる。

これまで紹介されてきた日本文化とは異なる、伝統を踏まえながらも現代の日本らしいテーマで、シンポジウム、講演とも好評だったという。

ライスパワープロジェクトの究極の使命は、一粒の米の世界を見つめなおし、その可能性を最大限に引き出し、日本が誇る「ライスパワー」として発信していくことで、今日の世界が抱えている問題を解決するというものだけに、その原動力でもあるライスパワーエキスの販売とともに同プロジェクトの理念普及のための活動の行方が注目される。

第8話

まずい酒こそがいい酒である(?)との持論を展開する「樋木酒造」

樋木尚一郎　社長

❖地元でしか手に入らない本当の地酒「鶴の友」
❖アルコールと健康をテーマに、食中酒としての少量飲酒を説く
❖古来からのかめ仕込みによる焼酎ブームの仕掛け人

新潟の銘酒「鶴の友」は爽やかな含み香が際立つ銘品である。樋木酒造の樋木尚一郎社長は蔵元でありながら、酒がほとんど飲めない。だが、東京の醸造試験所で

酒好きの研究者や仲間がガンに冒され、廃人同様になっていくのを見て、たどりつい た酒造りのテーマが「アルコールと健康」。かつての地酒ブームに警鐘を鳴らし、焼酎ブームの仕掛け人でもある彼は、持論である食中酒としての少量飲酒を勧める。

経営者の人柄

私は、故郷を離れていた時期、お盆に合わせて新潟に行った。お寺に寄ってお墓参りをして、帰りに樋木酒造㈱の「鶴の友」の純米酒を買って帰る。ついでに樋木尚一郎社長と四方山話をしてくるというのが、通例行事になっていた。

「鶴の友」を初めて飲んだのは、伯母の葬式の席でだった。田舎の葬式に酒はつきものだが、伯母の家は農家の傍ら酒屋をやっていて、長年「鶴の友」を扱っていた。従って、地元の酒には詳しい。

東京からきた客を相手に、頼まれてもいないのに「このあたりではみんな『鶴の友』を飲む」といって、熱心に「鶴の友」のPRをする。そして「いい酒造りの条件は、①水、②米、③杜氏、そして④経営者の人柄だ」と樋木社長の人柄を褒め上げた。

そんなことがあって、新潟に行くと「鶴の友」を買って帰っていたわけだが、ここで取り上げるのは、もちろん個人的な身びいきからではない。

一般にはなじみがない「鶴の友」だが、日本名門酒会の一員とあって、例えば稲垣眞美著『やっぱり飲みたい日本の名酒一六〇選』（新潮社）には、こう書かれている。

「絶妙の味わい、爽やかな含み香を、二十年経った今も忘れない。吟醸がまだ多く世にない時代に、そういう『鶴の友』の香味は際立っていた」と。他のページには「フランスの代表的なソムリエがすぐれた赤ワインの香味を感じる、と言った」と紹介されており、最後まで読めば、その他のエピソードを含めて「鶴の友」の評価が高いことがよくわかる。

新潟以外では手に入らない樋木酒造の吟醸酒、純米酒、本醸造

その「鶴の友」は基本的に新潟以外では手に入らない。樋木社長があえて県外には出さないからだ。

例外は各地で行われる物産展などで、二〇〇一年十月に東京「大丸」で行われた「日本の酒とうまいものまつり」には「鶴の友」が出品されている。それも、大丸特選の「新潟の銘酒六本セット」の中に久保田や越乃寒梅、八海山などとともに「鶴の友」が入っているぐらいで、知る人ぞ知る銘酒なのである。

日本初の〝ブレンド酒〟

樋木酒造のある内野町は、新潟市内といっても、元は西蒲原郡内野町であった。市内からはJR越後線に乗って、二十分ちょっと、新潟大学前の次の駅である。

数年前まで、内野駅の駅舎はそそっかしい人が見ると〝鶴の友駅〟とまちがう造りになっていた。何しろ、JR内野駅の看板の何倍もの大きさの「鶴の友」の看板が、その上に乗っかっていたからだ。それが当たり前の風景になっていたあたりにも、樋木酒造が地域で特別の存在であることがわかるはずだ。

その内野には、当時、昔ながらの面影を伝える四つの蔵元があった。「朗(ほがらか)」の濱倉酒造㈱、「日本海」の伊藤酒造㈱、「越の関」の塩川酒造㈱と、樋木酒造である。

小さな町で、地酒メーカーが生きていくにはどうすればいいか。樋木社長が常に考えてきたことは、酒造メーカー、酒販店、飲食店そして消費者を含めた地域における共存共栄の道であった。

そんな試みの具体的なものの一つが、地域の活性化、町おこしのために誕生したブレンド酒〝雪月花〟であった。「鶴の友」は新潟でしか飲めないが、これは内野でしか味わえない。そんな日本で初めてというブレンド酒を出す小料理屋が、内野駅前にある「雪月花」である。

この店で出すブレンド酒は、樋木社長の発案で他の三社に話しかけて「地元の酒、四種類をブレンドして出そう」ということから始まった。お酒は税金との絡みがあるだけに、税務署は「先例がない」といって渋い顔をしたが、樋木社長の奔走によって、何とか実現した（現在は伊藤酒造と塩川酒造、樋木酒造の三社）。

一九九七年にオープンした「雪月花」は、決して広くはないが、お座敷もカウンターもある。なかなかおしゃれな店である。店のカウンターにはお酒をブレンドする機械が据えつけられていた。地酒メーカーが仲良く手を結んで実現したというストーリーもあって、できた酒は「不思議においしい」。

日本でもここにしかないブレンド酒がある店ということもあって、開店以来、テレビや雑誌などでもよく紹介される。新潟では話題の店とあって、評判を聞きつけた客が電車に乗ってくるだけでなく、出張のついでに、旅の途中にと、全国からやってくる。

その結果、地方都市の飲食業はどこも客足が良くないが、近所の飲食店が「客を取られた」とひがむぐらい繁盛している。樋木社長の提案した店づくりは、ストーリー性のある話題を提供し、広く県内外からの、これまで内野の店には来ないような客を集めるのに役立ったはずで、地元の客を奪ったわけではない。だからこそ、地域活性化の象徴的なケースなのである。

うちのDEアート

内野では二〇〇一年秋、新潟大学に近いこともあって、内野町と大学とが共同で「新大・内野アートクロッシング２００１」を企画。大学と地域との交流、地域活性化のためのイベントが行われた。〝うちのDEアート〟を謳い文句に、内野の町のさまざまな場所で、芸術に関するユニークな作品の展示や催し、ライブやシンポジウムが内野駅や町をステージに行われた。

樋木酒造でも「堀川久子氏による舞踏パフォーマンス」が演じられた。地域のイベントも、新潟大学で学生相手に日本酒に関する講義をするなど、日ごろから大学との交流がある樋木社長が一肌脱ぎ、率先して場所を提供した。

彼がいまの地酒メーカーの中でもユニークなのは、酒造り以外に、地域おこしをしながら、あらゆる業種を超え世代を超えて、その時代の文化を共有するための仕掛けを常に考え提供してきたからであろう。

大学との共同イベントも、学生の町という特性を活かした地域おこしを日ごろから考えていたからこそ、実現できたことであった。

そうしたさまざまな提案や言動は、そのまま素直に受け入れられてきたわけではない。むしろ、受け入れられなかった結果、いまの酒販業界の現状があるといえるかもしれない。

四十年以上前から、彼は「ビール亡国論」と称する持論を展開し「地酒経済論」を説き、あるいは鹿児島の焼酎メーカーのため、古来からのかめ造りによる焼酎造りを提案。その後の焼酎ブームを演出するなど、知られざるオピニオンリーダーなのである。

五代目としての原点

樋木酒造の創業は、およそ百八十年前の天保三年（一八三二年）である。創業の地は小泉純一郎首相が引き合いに出した「米百俵」の長岡藩に、米を送った側の三根山藩（現在の西蒲原郡巻町）。藩主の内命により、親戚の蔵元・大澤家から酒造株を引き受けたのが始まりで、安政二年に内野に移ってきた。

樋木家の祖は約三百六十年前、巻町の前田村を開拓し村民を末永く幸せにした人として知られるという。

その五代目として、一九四〇（昭和十五）年に生まれた樋木氏は、中学生のころから酒づくりを手伝った。地元の高校を卒業後、法政大学経済学部に進学したが、六〇年安保の活動の華やかなりし時代。キャンパスは安保の拠点になっていた。「ほとんど勉強しなかった」という樋木氏だが、一年でほとんどの単位を取得して、後は東京の街を手拭いをぶら下げて歩き回った。地方からきた大学生にとって、東京の街は田舎では考えられない不思議な世界であった。

「都会には、貝だけを商って生活している人がいるかと思うと、猿回しで生計を立てている人もいる、大道将棋をメシの種にしている人もいる。人間何をしたって、生きていける。もし酒屋が潰れても、東京に出てくればメシが食える」

東京の生活は、そのことを彼に教えてくれた。その時代のことを、彼が「自分の原点である」というのは、五三年に家が火事でみんな焼けてしまったため、父親は家を再建するのに精一杯で、跡取りとはいっても、決して恵まれた生活ではなかったからであろう。

自ら「そんな中で育ってきたので、私にはとにかく安心して、みんなが生活できるように、そして共存共栄して生きていけるようにしたいという思いが根底に流れている」と、分析する。

大学を卒業すると、彼は就職せず、家の手伝いをするため新潟に帰った。跡取りとして家業を継ぐつもりだったが、当時すでに地方の清酒メーカーは大手メーカーの攻勢、またビールや洋酒の伸びを前にして、将来性はなかった。

「五年はやるけど、十年はもう無理だ」と、父親に告げた上で、彼は当時、東京の王子にあった醸造試験所に三年間研修に行った。

そこには酒の研究者たちの他に、酒屋の子弟や醸造業界から派遣された技師の卵たちが勉強にきていた。寮に入って、三食の御飯が食べられ、その上、酒はいくらでも飲める。家にいるよりも、かえってお金がかからない。文化系の出で技術的なことはわからなかったが、それでもいろんな酒を広く浅く勉強し、酒造りを体験した。「それが現在に多少、生きている」と語るように、試験場での体験とともに研修の場に参加した仲間たちとの出会い、そしてその後の消息もまた、酒造りにかかわる者の在り方に深く影響を与えるものであった。

まずい酒がいい酒?

明治以降、酒は酒税の徴収という形で日本の近代化に貢献。富国強兵、殖産興業のための重要な役割を担ってきた。日本酒の製造は伝統産業で、造り酒屋が全国に多数あった。かつては京都だけで数百軒の酒屋があったこともある。

だが、酒造メーカーは減る一方で、樋木社長が醸造試験所にいた、一九六四年の東京オリンピック前後、全国に約三八〇〇軒あった酒造メーカー数は現在約一五〇〇軒もない。今後も減りこそすれ、増える見通しはない。

醸造試験所にいて、ともに酒づくりを学んだ仲間がどんどん辞めていく。ビールの消費が酒全体の約七割を占め、日本酒は一割でしかない。そういう状況の中で、酒造メーカーばかりか、酒の小売業界の経営が厳しくなって、現在に至っている。

酒の業界全体が、経営的に厳しい環境を余儀なくされる中で「この減少傾向が何とかならないか。何とか歯止めをかけたい」というのが、樋木酒造の跡取りとしての樋木社長の密かな思いであった。

それがやがて地酒ブームにつながっていくのだが、醸造試験所での体験から、彼が考えるようになったもう一つのことは、酒と健康というテーマであった。

樋木社長は蔵元でありながら、酒は体質的にほとんど飲めない。醸造試験所にいても、もともと酒に弱いタイプのため「自分で銘酒をつくろう、うまい酒をつくろう」という興味はない。しかし、造り酒屋の跡取りとしては、それでは情けない。何か自分でできることはないかと思案する中から自然に生まれてきたのが、アルコールと健康というテーマであった。

酒が苦手な樋木社長は、うまい酒にこだわり、銘酒造りに情熱をかける蔵元およびうまい酒を求める酒好きに対して「まずい酒こそがいい酒である」と、意味深い一言を発して、反響を呼び起こしたこともある。「飲み飽きせずいくらでも飲める酒と、あまりおいしくなくて一杯しか飲めない酒とどちらが大事かと考えると、まずくて一杯しか飲めない酒のほうがいい」というわけだ。

彼がそう語るのは、多くのうまい酒の犠牲になった人たちを見てきたからであった。酒の有名な研究者が食道ガンになって自ら命を絶ったり、酒に溺れて廃人同様になったり、若くしてガンで亡くなったりした。それではいくらうまい酒でも、百害あって一利もないことになってしまう。「自分はそんな酒はつくりたくない」という思いが、彼の〝まずい酒〟という言葉の中には込められているのである。

命を預かる仕事

事実、おいしいからといって、調子に乗ると後悔する。全国に断酒の会がつくられ、一気飲み反対の会ができているのは、本来は百薬の長であるはずの酒が多くの悲劇を生んでいるからだ。

アルコールと健康をテーマにしてきた樋木社長は、日本酒は食中酒に最適であり、いい酒の飲み方として少量飲酒を勧める。それは酒の犠牲になった多くの人たちがみな、反面教師ともいえる悪い飲み方をしていたからでもある。

大量に飲む、しかもわざわざ空腹で飲む、そして酒の肴は塩辛程度でモノを食べない。その結果、みんな体を壊す。このマイナスをプラスに持っていくには、食中酒こそが、理想の飲み方であり、酒であるというわけだ。

食事と一緒であれば、空腹で飲むということもないし、大量に飲めない。必要な栄養がとれないということもないと、まさにいいことずくめ。この①量を控える、②空腹で飲まない、③栄養（食べ物）をとる。これが樋木社長が推奨する「ヘルシー飲酒の三原則」である。これは日本酒に限ったことではなく、ビールでも同じことだ。

アルコールは麻酔剤でありながら、唯一飲用が許されている。酒は薬であり、飲み方をまちがえれば毒になる。適量であれば精神的にリラックスできて、健康にもいい。欧米の調査でも、少量飲酒者は禁酒者よりも死亡率が低く、長命であるとの結果が出ている。

この適量というのが曲者で、理屈をつけて飲み過ぎれば、麻酔同様、死に至る。薬は一日三錠が適量であれば、普通はそれ以上飲むことはない。ところが、それがお酒となると十錠、二十錠と飲む連中がいる。いかに、このアルコールを有意義な人生を送るために利用し、味方にできるかは、結局、人間の英知にかかっている。

三十年来、少量飲酒を勧めてきた樋木社長は、自らに言い聞かすように「お酒を生業としている者は、いわゆる命に関わる、非常に大事な、重い仕事をしている」と語る。

フィールドはちがうが、大リーグのイチロー選手やバスケットのスター選手が素晴らしいプレーをして、高額の報酬を得ている。それは素晴らしいことだが、酒造メーカーも酒販店も飲食店も、彼らに負けない重要な仕事をしているということだ。

地酒経済論の真意

酒は苦手という樋木社長であるが、お酒を愛することにかけては人後に落ちることはない。そして、酒を生業にしている者の責任を深く自覚するゆえに、酒の業界全体の姿が歪んで見えてくる。

造り酒屋の五代目に生まれた彼は、常に地酒メーカーがいかに地域と共存しながら生きていけるかを考えてきた。

戦後、大手メーカーの酒は宣伝も行き届いていて、強大なるブランド力があった。そのため、地方では晩酌は二級酒や地酒でも、贈答用および飲食店に使う酒は、灘、伏見など大手の酒であった。

大手の酒を扱っていれば安泰だった酒販業界に大きな変化が訪れたのが、七〇年代以後の大量消費社会であった。

大量の商品が大量に販売された結果、やがて日本酒業界でも過当競争が始まって、これまで通りの商売をしていたのでは、生きていけなくなる。そんな危機感から始まったのが出回り量の少ない酒、中堅どころの酒を扱う地酒運動であった。

「モノ余りの時代に、小さなメーカーが残るには、出回り量の少ない、地方の文化とともにある個性的な地酒の良さを訴えていくしかない」と、樋木酒造もまた地酒運動に協力してきた。

地酒運動が展開される中で、大手メーカーの酒は供給量が多いため、大型店や薄利多売の安売り店の専用商品になる。その対極にあるのが地酒で、量が少なくて一般的な酒販店で一本一本普通の建値で売られる。酒販業界には大手と一般的な地酒とはちがうという、いわば住み分けがあった。

やがて、地酒ブームの中で新潟の地酒が県外で売られるようになって、メーカーはどんどん生産量を増やし、全国へ出ていった。

それまで地元で商売してきた新潟の酒が県外で売れるというのは、メーカーにとっては千載一遇のチャンスでもある。だが、全国へ出ていった結果、どうなるか。

出回り量が増えるとどこにでも手に入るようになって、大手メーカーの酒と同様の道をたどる。そして、大型店や安売り店、コンビニでも売られるようになる。

新潟の酒が県外で売れるようになって、メーカーとともに県内の小売店の売上げも上がるというのなら話は別だが、現実には新たな有力メーカーを生み出し、メーカーだけが得をして、業界全体では衰退していく。その一方で、小さなところがバタバタ潰れていく。業界全体を考えれば、何もいいことはない。四十年ほど前、そんな日本酒の将来を予測したのが、樋木社長の「地酒経済論」である。

義理人情の哲学

樋木社長の説く地酒経済論は、地域の小メーカーの生きる道、住み分けによる共存共栄の道を示したものでもある。

樋木酒造の「鶴の友」は「新潟県内だけで商売ができればいい」との考えのため、県外には出ていかない。自らのテリトリーをひたすら守っている。

その理由は樋木社長の思想と経営哲学からくる。新潟の酒が県外で売れるようになったのは、この三十年のことだ。その間、新潟の酒を売ってくれていたのは、県内の酒屋である。

樋木酒造が県外に出ていかないのは「お世話になった県内の小売店を大事にしたい」という、それだけの理由からだ。だから、東京の人が欲しいといえば、県内の酒屋を通して買ってもらう。「酒屋をやって百八十年、いまはキツイですわ」という樋木社長が、そんな面倒臭いことをするのも、理由は「義理人情だけ」と答えは明快である。地酒ブームの中で人気になって、初心を忘れ変貌していく蔵元が多い中では珍しい。

また、そうした不変の哲学があるからこそ、業界に苦言を呈することもできるのだろう。少量飲酒、地酒経済論と、業界人とは思えない正論を展開する樋木社長は、一メーカー人である前に一人の日本人としての立場から、さまざまなことを提案し実現してきた。

そんな一つがビール亡国論である。もちろん、単純にビール憎しの感情から唱えているわけではない。

日本酒は現在、酒全体の消費量の約一割にすぎない。全体の約七割を占めるビールの前には、非力でしかないが、その消費の一割でおよそ五〇万トンの米を使用する。逆に、ビールは価格に占める原料費が非常に安い。大量生産に向いている。

ビールと日本酒が大量生産、安売りという通常のビジネスの土俵で勝負するとなると、構造的に日本酒に勝ち目はない。おまけに、現在、酒販業界では売上げの七割を占めるビールが目玉商品になった。主力商品が目玉になれば、消費者にとってはありがたいが、メーカーも問屋も小売店そして安売りの拠点である大型店も儲からない。それが酒類そして流通業界の実態だ。

しかも、麦は外国からの輸入のため、ビールが売れれば売れるほど、相対的に日本の農業が衰退。ビールが売れて、その分日本酒が売れなくなれば、米がますます余るようになる。そんな将来を予測して、何とか早いうちにビールの特徴を説き、共存共栄の道をつくらないと大変なことになると、一人でビール亡国論を訴え続けてきたのである。

焼酎ブームの原点

樋木社長の提言を上手に取り入れて、小さなメーカーが蘇り、大小メーカーが共存共栄できるようになった成功例が、焼酎業界の場合であろう。

かれこれ二十七、八年前。発端は鹿児島の焼酎メーカーの人が、相談にきたときのことだ。事情を聞くと「焼酎は競争が激しくて、焼酎ではやっていけないため、誰も手をつけていない清酒をやりたい」という。

鹿児島県には清酒メーカーがない。だが、それは県内では清酒がまったく売れないからでもある。

樋木社長は醸造研究所時代における体験から、大手と同じやり方ではなく「かめを使って仕込む昔からの伝統的な焼酎造りをしてはどうか」と提案した。モノ余りの時代だからこそ、どこにでもある大量生産できるものではなく、出回り量が少なく個性ある焼酎をつくったほうがいいというわけだ。

そこで、材料を吟味し、当時では珍しいかめ仕込みにこだわった焼酎がつくられた。手塩にかけた焼酎は、幻の焼酎といわれるほどに売れた。今ではフランスのシラク大統領が買って帰ったという、いわくつき焼酎のメーカーとして知られ、焼酎業会に揺るぎない地位を占めるまでになっている。

結局、伝統的で手間のかかる方法を、大手メーカーも取らざるを得なくなったのだが、かめで仕込むとなると、大手といえども大量生産するわけにはいかない。まさに、大手と同じ土俵で相撲が取れる。

その原動力になったのが、樋木社長の発案で始まったかめ仕込みであり、今日まで続いている焼酎ブームの原点であった。

かめ仕込みによる焼酎ブームは、小メーカーを救っただけでなく、消費者にとっても、個性あるいろんな焼酎を飲めるといった良さがあるなど多彩な酒文化を共有できる。

「旅が好きで、いろんなところに行って、その土地土地に根づいたお酒が存在していることにたまらない喜びを感じる」という樋木社長は、酒の持つ文化的な面に目を向ける。

米に選ばれた国

焼酎では成功した小メーカーの酒造りだが、日本酒となると事情がちがってくる。傷みやすいため、貯蔵、出荷、保存とすべてにわたって、難しい面がある。

だが、いうまでもなく、日本酒は日本固有のもので、米と同様、昔から神事と密接に関わりがあった。本来、酒屋とは神社における酒をつくる場所のことであった。

現在、酒の製造は免許がなければ製造できないが、今も実際に酒をつくっている神社が全国にあるのはその名残である。

樋木社長はビールや洋酒が伸びていく中で相対的に減っていく日本酒の消費量とともに日本古来の文化が衰退していくことに、大いなる危惧の念を抱いてきた。それは、日本酒が日本固有の酒であるように、その原料である米もまた、大事なものであるからだ。

「日本は米をつくるために選ばれた国である」との長崎明・元新潟大学学長の講演に感動した樋木社長は、日本文化を守るため酒と文化にこだわる酒造りを常に提案してきた。

日本の穀物で単位面積当たり一番収穫が多く、連作障害もない。しかも、食べ物としても栄養のバランスがいい。日本の河川は雨が降れば滝のようになるが、水田があることによって洪水を防ぎ、肥沃な土壌が海に流れてしまうのを防いでいる。自然と農村の景観の点で問題になっている、減少する棚田の保全・管理についても、米を食べて日本酒を飲むことが、一番の後押しになる。

だが、実際には米の生産調整が地方をどんどん荒廃に追いやり、結果的に離村廃村の大きな原因になっている中、地方では過疎化に歯止めをかけるために誘致したＩＴ関連の工場が、不況のせいでどんどん撤退している。今後、米までダメだとなると、ますます地方は成り立たなくなる。生産者の中にもビールやワインを飲んで、米や日本酒を飲まないのが自慢だと思っている人もいる。

「みんな国益に沿った動きをしていない」と憤る樋木社長は、一酒造メーカーのエゴからではなく「日本酒の消費が現在の倍になれば百万トンの米を使うことになり、余剰米を清酒だけで吸収できる」と指摘する。

自ら県外には出て行かないことを公言。その結果、いまの業界では自らを「負け組」というが、勝ち組がどの程度、社会に貢献し、どれだけの経済効果をもたらしてきたのか。大きさや力、効率だけではなく、経営哲学、日本の国益までを考えたとき、負けは単なる負けではない。負けてもやらなければならないことがあり、また、そこにこそ価値がある場合が往々にしてある。そのことを、樋木酒造のあり方は教えているようにも思える。

❖　❖　❖

飲酒のための戒め

新潟駅の観光案内所でくれる新潟市の「観光ガイドブック」には、新潟を代表する地酒として「鶴の友」が「越の寒梅」と並んで紹介されている。他の酒とちがって、今も県外には出していないため全国的な知名度には欠けるが、新潟市では特別な酒だということがわかる。

本文にあるように、伝統ある酒蔵を継いだ樋木尚一郎社長は若いころから日本酒の将来に疑問を感じて、地方にある酒造メーカーの限界を見据えながら、それでも大手と中小が共存共栄できる道を模索してきた。だが、樋木社長の経営哲学はまさに正論であるがゆえに、多くの酒造メーカーにとっては、現実を無視した無理難題のように思えたのだろう。結局、今日の業界は彼の指摘通り、余力のあるメーカーが辛うじて生き残って、業界全体の衰退に拍車がかかるばかりである。

市場原理がモノをいう自由主義経済下、酒を売る努力は必要なようにも思えるが、酒はただ売れればいいわけではない。売っていいのは、正しい飲み方を消費者に伝えた上で、楽しくおいしく、従って健康にもいい酒としてであろう。だが、酒を専門にする研究者や酒の製造販売に関わる酒造メーカー、酒販店が「酒を知らない」と、樋木社長は嘆く。プロがそんな有り様だけに、素人である消費者は酒の特性、効用と弊害、正しい飲み方を教わることなく、コマーシャルのイメージだけで酒と接する。

一気飲みの害は広く知られる通りだが、特に大学生など将来ある有為の人材が犠牲になるなど、相変わらずの悲劇が繰り返される。若者ばかりか、社会の模範となるべき政治家や官僚など、酒を知らないことによる悲劇が続く。

酒を生業にする者として、そうした酒の上の過ち、命を粗末にする悲劇に心を傷める樋木社長の主張の一つは、学校を卒業し、社会人になるに当たって、酒に関する教育を施すべきだということである。

そんな樋木社長の酒に関する持論をまとめたのが、究極の真理としての「飲酒のための戒め」である。

そこには「人は酒とどのように関わるべきか」という文句の後に「酒を生業とするものは利潤の追求を第一としてはならない」と、大きな文字で書かれている。以下、次のように続く。

「酒の正しい飲み方として『量を控える。空腹では飲まない』ことを推奨いたします。

少量の飲酒は、善玉コレステロールを増し、体内の免疫力を高める。空腹時の飲酒は、アルコールの吸収を早め、酔いの度合いを強くする。酒好きの人はとかく食事が疎かになり、必要な栄養の吸収が阻害される。

日本の食生活・食文化は非常に多彩であるが、日本酒はどんな料理とも相性が良く、理想的な飲酒形態『食中酒』として最も優れている。酒を百薬の長とするには『少量有益・大量有害』という意識をしっかり持つ必要がある。少量飲酒は健康を維持し、長寿に貢献する。楽しく有意義な人生を送るため、この酒を味方につけ、活用していただきたい」

樋木社長はこの文面を印刷し、額装して取引業者や樋木酒造を訪れる酒好きの人たちに贈った。彼の指摘は酒を前提にしているが、真理は本来、普遍的なものであり、すべての商売に共通する。即ち、あらゆる商売は利潤の追求を第一としてはならないということである。なまじ、資本主義や株式会社に「利潤の追求」が謳われているため「第一」としてはならない利潤追求が、逆に「第一」の目的と化し、その結果、環境破壊、原発事故など多くの悲劇が生じている。

そんなビジネスの世界を斜めに見てきた樋木社長が「蔵元の跡継ぎとして、新潟では酒造りはできない」と考えたとしても「では、何をするのか」が問題となる。結局、彼は先代の父親が趣味で集めてきた陶器をはじめとした美術・芸術等の収集品を生かした博物館しかないと確信した。三十代の頃である。

その後、博物館の収蔵品の充実を図るため、常に我が道を行く樋木社長は暇を見つけては、あまり人の目をつけない東北の焼き物、貧乏徳利などを集めだした。日用品なども集めていくと、その面白さがわかって、どんどん夢中になっていったという。

やがて、地域に根ざした酒蔵の跡継ぎとして、自らの使命を生かす「究極の差別化は伝統文化、歴史の中にしかない」と考え、具体的に博物館づくりに乗り出した。その最初のステップとして、十数年前に財団法人「鶴友会」をつくって、現在は公益財団法人の認定を受けるために、自宅スペースを用いて「鶴友会博物館」の収蔵品を公開している。他にも、新潟漆器や東日本大震災で壊滅状態となった大堀相馬焼きなどの収蔵品が新潟市の関連施設で展示されるなど「鶴の友」同様、知る人ぞ知る意外性に満ちた博物館というわけである。

そして今も、酒造メーカーの社長としてビジネスの金科玉条である「消費者ニーズ」を無視して、酒を知るプロの立場から従来「神様」と言われる消費者に酒の正しい飲み方を説く一方で、日本の伝統文化という観光資源を生かした観光立国こそが日本および新潟の目指す道であると、さまざまな機会に持論を展開し、自ら近隣の街道筋の観光資源の掘り起こしに尽力するなど、財団法人理事長としての仕事にも忙しく精を出している。

第9話

外食からクリーンな水・地球・環境ビジネスを展開する「いちごホールディングスグループ」

宮下　雅光　社長

❖仙台発「顧客満足度日本一」の宅配ピザ「ナポリの窯」
❖3・11後の現地で活躍した移動型飲料水化システム
❖エンジェルとして環境ベンチャーを展開する

「いちごホールディングス」の宮下雅光社長は、ＩＢＭ退社後に始めた外食事業に失敗。自殺するしかないと、最後に残った五百円でパチンコをしたところ、大フィーバー。そこから大逆転が始まり、大成功した今は東日本大震災の被災地支援活動に取り組んでいる。移動式淡水化装置、放射能封じ込めなど、人気宅配チェーンとは無縁に見える水・環境ビジネスへの展開は、自分たちが水や環境を汚し、穀物の輸入により世界的水不足の一因をつくったとの懺悔の気持ちから始まった。

泉谷しげるのブログ

いちごホールディングスグループの本拠地は宮城県仙台市である。3・11東日本大震災では当事者として、人の力ではどうしようもない自然を前に、天国と地獄の両方を味わうことになった。津波でピザの宅配事業、「ナポリの窯」の展開で知られるストロベリーコーンズの加盟店数か所が流された。そんな悲劇の一方、外食チェーンの生命線である現地のピザ製造工場および流通センターは、あわや津波に流されるという一歩手前で難を逃れた。

地震と津波ですべての機能が混乱する中、東京本社で第一報に接した㈱いちごホールディングスの宮下雅光社長は、無意識のうちにやるべきことを指示した上で、翌十二日、クルマで現地入りした。普段の倍以上の十三時間かかった。

ビジネス面で日本ばかりか世界がダメージを受ける中、幸いなことに全国の加盟店に迷惑をかけることはなかった。そんな「奇跡」としか言えないような事態に遭遇する中で、いちごホールディングスグループが率先して被災地の復旧支援活動に取り組んだこと自体は、取り立てて珍しいことではない。

同グループは移動型造水装置の製造販売や環境関連事業のAQUANEXT事業の「㈱いちごホールディングス」を中心に、フランチャイズ・ピザ宅配・レストラン事業などフード事業の「㈱ストロベリーコーンズ」、海外ライセンス事業の「ストロベリーコーンズ・ピザフランチャイジング社」、情報通信技術・テクノサイエンス事業の「㈱ネクストステージ」からなる。

被災地で活躍した移動型飲料水化システム
アクアネクストソーラーカー

同グループの被災地での支援活動が脚光を浴びたのは、いちごホールディングスの移動型飲料水化システム「アクアネクストソーラーカー」が、被災地で給水活動を行う様子がテレビなどで紹介されたからである。

ボランティア活動の一端は、なぜか泉谷しげるのブログでも取り上げられていた。「仙台のあるピザ屋（チェーン）さんの代表が、太陽エネルギーを軸とした移動ソーラーカーなるモノをとっくに創っていたのだ！　このクルマのすごいとこは太陽光を求め移動しながら自家発電し、水分再生まで行ってるコト！　濁った水は勿論のこと、なんと海水分離も行い、放射能〝ヨウ素〟まで取り除き真水に変換してしまうンだから〜どんだけスゴイんだ！」といった具合である。

被災地で活躍したモバイル（移動型）飲料水化システムは、太陽エネルギーを使った移動型ＲＯ造水装置（ソーラーカー）として、二〇〇八年に特許を取得。世界で活躍するオンリーワンの製品である。

造水システムはソーラーカーの他、太陽光と風力発電を組み合わせたもの、トラックやクルーザーなどに搭載できる海水淡水化装置、飲料水から農業用水など、用途に合わせて、さまざまなタイプのものがある。

開発のコンセプトは「世界各地の開発途上国や災害で飲み水に困っている人達に安全な水を供給し、支援すること」。だが、震災後は塩害などで困っている地元のいちご生産農家のために、農業用ＲＯ造水装置を無償で提供する形での支援活動も行っている。

宮下社長は「本来は海外用だったものが、まさか東北で必要とされるとは思わなかった」と、想定外の展開に複雑な心情を語る。

放射能封じ込め

世間的には同グループは今日の企業基盤をつくった宅配ピザ事業で知られる。特に「ストロベリーコーンズ」の第二ブランドである「ナポリの窯」が、二〇〇九年に「オリコン」の顧客満足度ランキングで、日本一に輝いたことから本格派ピザとして不動の人気を確立している。

しかし、ピザで成功して、何で水なのか？　いろんな理屈はつけられる。だが、一番ピッタリくる表現は、宮下社長の言葉では「懺悔かな」ということになる。

バーチャルウォーター（仮想水）の観点から、自給率の低い日本は大量の水を外国から輸入している。同グループでもピザの原材料を世界から調達する過程で、彼は穀物の価格の高騰の背景に、実は水不足があり、それは結果的に自分たちが本来彼らが使うべき水を奪っていることではないのか、だから自分たちはビジネスができていると、気がついたのである。

「六十歳近くなって、何か恩返しをしたいと考えた時、水でできるかなと思って、これを自分の最後の事業にしよう。そうすれば、砂漠の緑地化や農地化にも活用できるし、結果的に地球温暖化の防止にもつながる」

二〇〇六年当時、水について調べてみると大規模プラントはいろんなところにある。そして、大型プラントが導入されれば、その地域は潤うのだが、そうした水の供給網から洩れた地域では、子供をはじめ弱者にしわ寄せが行く。調べれば調べるほど、水をめぐる支援事業、ビジネス環境の実態と矛盾を知ることになる。

もし大型プラントではなく、移動型システムで、なおかつソーラーで動く装置があればどれだけの地域、人々が救われるか。それこそが同グループの仕事というわけである。

一方、福島周辺では放射能が検出された校庭の土や枯れ草などの除染土壌、放射性物質が捨て場所がないまま放置されている。そのため同グループが現在、もっとも力を入れているのが、実は放射能の封じ込めである。

具体的な取り組みとして提案しているのが同グループのビジネスパートナーから「アメリカにいいモノがある」と紹介された米国パックテック社製の低レベル放射性物質の封じ込めパッケージ「リフトパック」。三層構造になった二トン入りのパッケージで、IAEA（国際原子力機関）の放射性物質安全輸送規則の安全要件・IP-1の認証を得ており、遮蔽率は六四％である。

これだけでもかなりの放射能を封じ込められるが、同グループではさらにコーティングすることで、遮蔽率を九九・七％にまで高めることができる特殊ポリマー樹脂「GEO-TEK721 5」の使用を日本における総販売元として、提案してきた。

この特殊ポリマー樹脂は、米国ミズーリ州セントルイスにあった米軍の原子爆弾製造工場跡地の放射能汚染物質の封じ込めに使用されたという実績がある。

だが、水や環境関連事業はわかるが、放射能汚染物質の処理となると、とっくに宮下社長のいう「懺悔」の域を超えている。

「３・11がなければ、絶対手を出さない、というか必要がなかった。儲からないのに、なぜやるのか。単純な怒りです」

確かに、３・11から一年以上が過ぎて明らかになったことは、未曾有の危機に、この国の政治も官僚機構もまったくと言っていいほど機能していなかったことだ。最近も復興予算の約四割が使われておらず、このうち復興交付金の八割以上が繰り越しとのニュースに呆れた向きも多いのではないだろうか。

同グループでは機能しない国に代わり、関係各行政機関にサンプルとして「リフトパック」を一個ずつ提供している。実際の使い方や効果も実感できることで、感謝されるとともに、少しは注文にもつながる。

メイドインジャパン

いちごホールディングスは、水をはじめとした環境関連技術を、日本から世界に提案している。例えば、天然素材一〇〇％のオイル吸着剤「ピートソーブ」の他、水質浄化や養殖魚類の成長促進、畜産の悪臭処理などに効果のある、微生物とゼオライトを使った環境浄化剤「バイオコロニー」、世界特許の特殊な活性炭を用いた土地改良システム「蒔いて環炭」、九州大学で開発された画期的な風力発電「風レンズ風車」などである。

その基本的なスタンスは、メイド・イン・ジャパンの技術を活かすというもの。ベンチャーの世界には日本各地の町工場をはじめ、いろんなところに匠の技術があるのだが、往々にして頑固な職人技の域を出ず、ビジネス展開できずにせっかくの技術が活かされない。同社はそんな匠の技術とマネジメントをセットに、ピザのフランチャイズチェーンの展開で培ってきたノウハウをビジネスモデルにして世界に提供している。

その意味では同じサービス産業であり、それこそが、同グループのビジネスが世界で通用する理由でもある。

中東での展開については後述するが、ピザ同様、水や環境関連プラント・システムをメイド・イン・ジャパン＋αという形で、システム化して、その国の実情にあったものとしてプロデュースする。

しかも、中東での展開に象徴的だが、宮下社長自らが現地に出向いていく。大企業との大きなちがいは、企業のトップが行くか行かないかである。トップ自ら行けば、一々本社の意向を確認する必要もない。決断が早い。それが相手が望むことでもある。そして、ピザ同様、水の事業でも、実はＩＢＭ時代に開発に携わったコンピュータ・テクノロジーが生きているという。

ＩＢＭ退社

一九五〇年八月、北海道の富良野で生まれた宮下社長は、その後、父親の仕事の関係で移り住んだ仙台で育った。地元の工業高校を卒業後、彼は「日本でもコンピュータが社会を変える日が来る」と信じて、大学ではなく東京の日本電子工学院（現・日本工学院専門学校）に進学。一九七〇年に難関を突破し、晴れて日本ＩＢＭに入社した。

ＩＢＭでのサラリーマン生活は東北育ちで万事控えめな性格の宮下社長にとって、貴重な人間学習の場となった。職場は普段から英語が飛び交う外資系企業である。仕事に関しても、単なるイエスマンではなく、自分の意見が求められる。

口下手な宮下社長はそんな欠点を直すために話し方教室に通って仕事に励んだ。一九七三年には高校時代に出会った育子夫人（現・副社長）と結婚、公私ともに充実した日々を過ごしていた。

そんなある日、仙台にいる母親から、家業のクリーニング業が大変だという電話があった。いまにも店が倒産しそうな話しぶりに、「自分が何とかする」との思いで会社を辞め、取るものもとりあえず、帰郷した。

だが、仙台に帰った宮下社長を待っていたのは「何しに帰ってきたのか？」という父親の一言だった。自分の早とちりを悔いても、いまさら退職届けを出したＩＢＭには戻れない。かといって、一九七五年当時の仙台にコンピュータ会社などなかった。

「あの時は本当に参りました」という宮下社長が、次なる事業として選んだのが、コンピュータとは対極にあるフードビジネス。好きで選んだ道ではなかったが、夫人と二人三脚でコーヒー専門店をスタート。手探りで、いろいろな趣向を凝らした店は繁盛。六坪と手狭だったため、二店目は十六坪の店を借りた。

その店は手持ち資金の不足から、ビルの三階。客が来るのを待っていたのでは店が成り立たない。そのため女性向けの店舗にするなど、さまざまなアイデアや企画を駆使して、地域の話題の店になった。

苦手だったはずのフードビジネスに自信を得た宮下社長は、一九七八年、さらなる成功を求めて、初めて人を雇って五十坪の大型カフェレストランに挑戦した。だが、開店当初こそ順調に見えた店舗経営は、すぐに暗転する。五千万円という投資金額が重くのしかかってきたからである。その時、アイデアマンの宮下社長が打った起死回生策は、何と「松の湯」という銭湯に見立てた居酒屋(?)。わずか十一日で閉店したというから、人間追い詰められると、何をするかわからない。その後は、階段から転がり落ちるようにやることなすことがうまく行かない。

パチンコフィーバー

万策尽き、最後に残っていたのが、二億円の保険金。「もう死ぬしかないな」と思った彼は、このとき「何だ、まだ自分の価値は二億円もあったのか」と気がついた。これで従業員の退職金も当面の家族の生活費も出る。そう思った彼は、仙台新港に車ごと飛び込もうと、海に向かった。

この時もし海に飛び込んでいたら、宮下社長の今日はない。その時、残っていた所持金は五百円。これから死のうという人間がお金を持っていてもしょうがないと、仙台新港近くのパチンコ屋に入った。

だが、人生はわからないものだ。なんと大フィーバーの結果、四万七千円も勝っていた。これだけあれば、一か月は生き延びられる。

「死のうとした人間に大当たりが出るということは、自分にはまだまだツキが残っているのかもしれない。そう思ったら、自殺する気がなくなりました」

人生最大の危機をパチンコで乗り切った宮下雅光社長は、やがて幸運に恵まれる。三号店を借りるときに入れていた保証金三千万円が、次の借り手が現れないため返ってこなかったのだが、自殺を止めた一週間後、奇跡的に借り手が決まった。

当面の資金調達ができた宮下社長は、一九八三年に日本シンクを設立。「自分が本当にやりたかったのは米国式チェーンビジネスだ」との原点にもどって、心機一転、現在のピザの宅配事業につながるホームパーティ用のケータリング事業、さらにアイスクリームショップ「ストロベリーコーンズ」を開店していく。

新しい業態開発を考えていた宮下社長が始めたケータリング事業は、当時の日本ではまだ時期尚早とあって、なかなか軌道に乗らなかったというが、そこでのメニュー開発がその後の事業展開につながっていく。まず、当時、東京で話題になっていたアイスクリームショップをヒントに「ストロベリーコーンズ」を開店。店は若い女性の支持を得て活況を呈したが、やがて来る仙台の冬は寒い。アイスクリームだけでは冬場のビジネスは厳しい。

そこで、もう一つの経営の柱として宮下社長が着目したのが、宅配ピザであった。一九八二年に公開された映画「E．T．」の一場面に宅配ピザが使われており、八五年には東京にドミノピザ一号店がオープンしていた。十分な市場調査と独自のメニュー開発を行った上で、宮下社長はスタッフの協力も得て、日本人の口に合う「メイド・イン・ジャパン」のピザを完成させる。そして一九八六年には店を宅配ピザ・アイスクリーム店に業態変更し、社名を㈱ストロベリーコーンズにした。

いちごの由来

いちごホールディングスグループの「いちご」の元になった「ストロベリーコーンズ」の社名は、宮下社長の当時の体験から来ている。

「家族でイチゴ狩りに行ったときに、欲張ってポケットに一杯イチゴを入れて帰ってきたんです。

でも、家に持って帰った時は、グチャグチャに潰れていた。そのイチゴを見て、ハート形をしたイチゴのデリケートさって、お客さんの心だと気がついたんです。大事に扱わなければすぐに傷んでしまう。しかも一期一会にも通じる」

潰れたイチゴを見て、彼はそれまでお金儲けのことしか考えていなかった自分を反省。イチゴを扱うように、お客に接する。そこに成功するビジネスの極意があると確信したのである。しかも、ストロベリーコーンズのコーンはアイスクリームのコーンと原料のトウモロコシのコーンであり、宮下社長と会社の危機を救った「幸運」に通じる。

準備万端整えた一九八六年十一月、仙台で初めての宅配ピザ・アイスクリーム店をオープンした。開店を知らせるチラシ三万枚を配って、あとは客からの注文の電話を待つばかり。「さあ、忙しくなるぞ」と思ったのも束の間。オープン初日の注文は、期待とは裏腹にたったの七件であった。

東京では人気のピザも、当時の地方都市での認知度はまだまだ。宅配ピザとなると、さらにハードルは高い。だが「東京で人気のピザが仙台で売れないはずがない。ウチのピザを一度でも食べてもらえれば」という宮下社長が考えたのが、ラジオの協力を得て仙台の公園で行った宅配ピザの大試食会。

「これが大当たりで、小さなお子さんからお年寄りまで、多くの方に『ピザっておいしいね』と言っていただきました」と語る宮下社長は、試食会以外にもさまざまなアイデアを展開した。「チラシを配るのでも、お子さんにプレゼント付きで配ったり、景品にロゴマーク入りの車のサンバイザーを配って、お客さんに喜んでいただくと同時に、ウチの宣伝もやっていただいたり」と、楽しそうに振り返る。

外食のＩＴ化

店が軌道に乗った一年後、宮下社長は塩釜市にフランチャイズ一号店をオープンする。本格的なピザの宅配フランチャイズチェーンを全国展開していくためである。だが、将来的な店舗展開を考えた時、必要なのが店舗と本部を結ぶ確固たる情報システムの構築であり、ここでモノをいったのが、宮下社長のＩＢＭ時代のコンピュータ体験であった。

当時すでにコンピュータはあらゆるビジネス分野で導入され、顧客管理システム、会計・人事システム、従業員管理などに対応するシステムは「何にでも使える」ことを売り物にパッケージ化されていた。だが、コンピュータの世界を熟知し、外食ビジネスを展開してきた宮下社長が考える外食のＩＴ化は、当時のメーカーのセールスエンジニア（ＳＥ）の想像を絶するものであった。

つまり、当時のＩＴ企業のパッケージ商品はある程度の習熟を要するため研修を受けなければ使いこなせないものだった。だが、外食の現場では入ったばかりのパートやアルバイトの人間が即戦力として働いている。研修を受けている暇もないし、素人の彼らがすぐに使いこなせるものでなければ意味がない。「アルバイトの人間にも簡単に使えるのが、本当に優れたソフトなんだ」という宮下社長の考え方をわかってもらうために、彼はＩＴ企業のＳＥに、実際の現場である店舗に入ってもらったという。宮下社長の指導の下、大企業のＳＥが慣れない様子でピザをつくり、ピザの配達をすることによって、実際に宅配ピザのフランチャイズ展開に必要なシステムを構築していった。それがＰＯＳレジに顧客情報、在庫管理、販売情報などの機能を盛り込んだシステムであり、一九九〇年から店舗に導入されたストロベリーコーンズの戦略情報システム「SISTER」として完成する。

同社におけるＩＴ化はオフコンベースからパソコンベースに移行した「NEW SISTER」を経て、二〇〇五年には宮下社長の長男が社長を務める子会社「ネクストステージ」（宮下貴弘社長）が開発したパソコンを用いたネットワークカメラシステム「REAL CAMERA Manager」を導入するなど、外食の世界ではいち早くＩＴ化を進めて、今日に至っている。

このカメラシステムはもともと欧米の医療現場でのカメラによる遠隔治療をヒントに、ネクストステージが二〇〇五年に開発、販売を開始したもので、一般的な店舗にある監視カメラとは異なり、カメラにマイクとスピーカーがついている。

「今ではFCの管理やマネジメントも全部カメラでやっています。外食の基本は人ですから、スタッフが元気で働いているか。それって、カメラで見れば、すぐわかるわけです。ただし、覗くだけだったら監視カメラと変わりませんから、音声がついていて『おはようございます』『お疲れさまです』といったコミュニケーションがとれる。問題点のやりとりなんかも電話やメールよりわかりやすい」というように、このカメラシステムも人間および職人技が中心だったフードビジネスに、いちごホールディンググループが率先して取り入れた新時代の情報システムなのである。

中東ビジネス

同グループの特徴は宮下社長がイチゴに教わった「おもてなしの心」を忘れず、ホスピタリティ精神だけを考えて、ビジネスとFC展開を行ってきたことである。「儲けることよりもお客様に喜んでいただくこと、それが当社の理念です」という言葉は、サービス業なら当たり前だが、その当たり前のことができているかというと、案外そうではない。

その点、同グループではピザの材料である小麦粉やチーズなどはすべて最高級品を使う。メニュー四種類の味が楽しめるフォーシーズンズを宅配ピザで初めて提供する一方、新たに第二ブランド「ナポリの窯」を立ち上げるなど、パイオニア精神を忘れない。

店舗・サービスのＩＴ化も、カメラシステムを構築するほか、地図情報システム（ＧＩＳ）会社と組んで開発するなど徹底している。そうした取り組みもすべてはホスピタリティ精神の表れである。

「ストロベリーコーンズ」「ナポリの窯」の人気メニュー

やがて原材料調達や海外出店などを経て、事業がある程度軌道に乗りだすと、宮下社長は自分の夢を強く意識するようになった。それが「エンジェルになりたい」との思いである。天使を意味するエンジェルは、ベンチャーの世界では起業家に資金を提供する投資家のことをいう。

だが「それも単なる投資家ではなく、起業家と夢を共有して、その事業を立ち上げ成功に導く。それが経営のプロとしての役割だと思う」という宮下社長は、これまでもいくつものベンチャーに、エンジェルとして協力をしてきた。その大半は失敗に終わったが、そうした出会いの中から生まれたのが、中東ビジネスへの足掛かりとなる海水淡水化装置である。そのプロデュースとマネジメントを、同グループが手がけることで「メイド・イン・ジャパン」の技術が日の目をみる。

海水や水道水をおいしくする技術、安全な水、おいしい水を提供することは、ピザの宅配事業同様「おいしさと感動をお届けする」（グループ理念）地球レベルの事業である。

「ふと、考えるとウチの家業がクリーニング屋ですから、どうせだったら『地球のクリーニング屋がいいかな』と思っていたら、その後、持ちかけられる技術が、なぜかその関連技術なんです」と、不思議そうに語る。

そうしたものの一つ「蒔いて環炭」は特殊な活性炭で、クウェート、カタールなど中東では痩せた土地の土壌改良、ベトナムでは枯れ葉剤のダイオキシンを吸着して農地として使用できる。ピート（泥炭）を特殊処理した「ピートソーブ」は、廃油に適量を散布・攪拌するだけで、油を吸着してサラサラのおが屑状になる。

微生物の働きを用いた環境浄化剤「バイオコロニー」も散布するだけで、海底や湖底に堆積したヘドロや汚水、悪臭を浄化する。

これらの技術に関して、いちごホールディングスはピザの宅配同様、フランチャイズチェーンの本部であり、実際に売るのはその地域の特約販売店というもの。というのも、日本とは異なる文化を持つ国での販売は、そこの地域で一番力のある企業にやってもらうのが、一番理想的だからである。事実、同社が積極的に展開している中東でのパートナーは、すべて王族企業、財閥系企業など、その国を代表する企業である。

同グループが、そうした企業と対等のパートナーになれるのも、未上場とはいえ「日本の上場企業以上の信用力を持った堅実な未上場企業」と言われているからでもある。

そのため「サントリーを目指しているのか」と言われることもあるというが、水・環境ビジネスの展開とともに、今後のＦＣ展開、さらには上場のタイミングなどが注目される。

❖　❖　❖

小型海水淡水化装置

三年ほど前、いちごホールディングスの宮下雅光社長を紹介してくれたのは、中東ビジネスへの橋渡し役となったＭ＆Ａ専業コンサルタント会社アエルコーポレーションの役員である。その時の話が「本業は宅配ピザチェーンなのに、中東で移動式海水淡水化システムのビジネスを展開する興味深いベンチャーの経営者がいるということであった。

人生最大の危機を、最後に残った五百円でパチンコをして大儲けした大逆転劇や、六十歳近くなって、自分たちが水と環境を汚したという懺悔の気持ちから、社会貢献を掲げて水と環境ビジネスを始めた話なども聞いていた。

ところが、中東の財閥企業から頼まれたソーラー式海水淡水化システムの試作機をつくって、現地で耐久テストをやるという話が頓挫、その後、記事にするタイミングを思案していたところ、結局、三年が過ぎてしまった。

その三年はいちごホールディングスグループにとっては、世界でビジネス展開をしていくためには、あらためて世界を知り、中東を知るためには避けて通れない貴重な期間であった。つまり、グローバルな世界でのビジネスは往々にして日本の企業の常識とは異なる展開をする。井の中の蛙とまでは言えないが、世界の実情は優れた技術以前に、安く使える技術が求められる面もある。コミュニケーション不足もあって、そこでは高い技術力を誇る日本企業は、技術に自信がある分、逆に現実を無視する傾向があり、結果、多くのビジネスチャンスを逃してしまう。

そんな反省点を踏まえて、いちごホールディングスではメイド・イン・ジャパンの技術力をベースに、現地に適応した使えるシステムを地道に、ビジネス展開しようと中東通いを続けた。三年前の痛い経験もあって、今日では現地を代表する王族企業、財閥企業がビジネスパートナーになるまでになっている。

だが、日本の常識が通用しないのは、水の世界でも同様である。現在、同グループが力を入れている小型海水淡水化装置は持ち運びができるため、アラブの国の王族などがやっているチャリティや募金活動の一環として、ソマリヤをはじめとした極貧のアフリカのイスラム圏に贈るのに、手頃だということで歓迎されている。

というのも、日本のテレビなどではアフリカその他、水に不自由している地区に、いろんなボランティア団体が井戸を掘っている映像がよく流れている。いわゆる絵になる援助ということだが、実はそうした井戸の水を飲んで現地の人々が死んでいるという現実が問題になっている。ウランをはじめ、危険な重金属などが混ざった水を飲んで、病気になったりする。そういった地域に、小型海水淡水化装置があれば、危険な水も飲めるようになるというわけである。

そんな地域では、信じられない現実にも直面する。ある親善大使が、その装置を使って安全な水を飲ませたいと思ったところ、透明な水を見た現地の人たちが、何と言ったか。

「これは水ではない」といって飲まなかった。彼らにとっては、土色をした濁った水が飲み水なのである。それぐらい大きなギャップがある。

世界の裏側にある現実は、われわれの想像を絶している。そのため、水の装置自体も、実演販売ではないが、何らかの形で啓蒙するなど、売り方を工夫する必要があるということである。

「放射能封じ込めパック」「蒔いて環炭」その他、現在、同グループが扱っている水・環境ビジネス技術は、社会に貢献したいと考えていた宮下社長のところに、なぜか持ちかけられる形で集まってきて、それが一つずつビジネス展開していったものである。

先ごろ持ちかけられたのが、地下水脈の場所と量をピンポイントで探り当てる特許技術でさっそく提携して中東をはじめとした海外での水のコンサルティングセールスをスタートさせる。

その間、本文でも紹介しているように、3・11東日本大震災があって、思いがけず同グループの海外向けの移動型飲料化システムが脚光を浴びるなど、順調な宅配ピザチェーンの販売実績に支えられて、新たな水・環境関連ビジネスもいよいよ本格的な展開が始まり、経営的にも同グループの成長に大きく寄与する体制が整いつつある。

本業である宅配ピザチェーンに関して、あえて「目標○○店！」と謳うことはないが、基本的に「必要とされ、求められて出店する」というやり方のため、他のチェーンに先駆けて日本海側に出店。ほぼ制覇するなど、チェーン展開もユニークである。

だが、ネット社会とあって、同グループのピザの人気が高まるにつれて「ウチの町にはない」「ナポリの窯を食べたい」という要望が次々と寄せられる。地域に一店では、結果的に競合面で不利になるため、チェーン戦略的にも店を増やしていく必要性もある。そのため、首都圏での百店、関西圏での五十店が目標となる。

外食と水・環境ビジネスの両輪と、ITのネクストステージとともに、世界企業への道を着々と歩んでいるいちごホールディングスグループの今後の展開が楽しみである。

第10話

ネット通販の「豆腐取寄」人気日本一の京都・百幸豆富の「マイクロヒルソン研究所」

椿井勇一　社長

❖大豆一〇〇％丸ごと豆腐は環境にも栄養にも美容にも良い
❖大豆を超ミクロパウダーにするプラント機器
❖社名に込められた世界No.1の由来と目標

時折、ブームになる大豆一〇〇％豆腐は栄養面、環境面では画期的だが、脂っぽさ、粉っぽさが敬遠されて、いつも萎む形で消えていく。しかし、畑の肉である大豆は、間違いなく栄養価も高く、ヘルシーでもある。もっとおいしい一〇〇%丸ごと大豆ができれば……。豆腐革命を掲げる「京都・百幸豆富」は、有害物質を出さないセメント事業との出会いをヒントに、大豆を超ミクロパウダーにするプラント機器をつくり出すことによって完成した。

うまい大豆一〇〇%豆腐

個人的な話で恐縮だが、私はベジタリアンである。今ではわが家の冷蔵庫には肉も魚もタマゴも牛乳もない。ベジタリアンである理由は一言ではいえないが、健康のためではないので、なかなか理解してもらえない。究極は世界平和のためである。それはさておき、とりあえず言いたいことは、わが家の食卓に欠かせない食材の一つが豆腐製品であるということだ。従って、豆腐にはこだわりがあるし、いろんな豆腐に対して一喜一憂することも少なくない。

そうした中で、近年の健康指向ともあいまって、一部で話題になっているのが、オカラの出ない大豆一〇〇%を売り物にした「大豆丸ごと豆腐」であろう。大豆の栄養がそのまま豆腐になっているため、食物繊維や植物性女性ホルモンのイソフラボンなどが豊富な健康食品として、また美容・ダイエット食品として脚光を浴びてきた。

だが、大豆一〇〇％豆腐が出てきた背景には、味の追求以前に、近年の豆腐・豆乳ブームの中で増え続ける食品廃棄物としてのオカラをどうするかという、環境面での問題があった。そうした時代の流れの中で、味を犠牲にせざるを得ない面があったということか。これまでの大豆一〇〇％豆腐は脂っぽいとか、粉っぽさがあるといった欠点ゆえに、市場に登場しては不評のうちに消えていくといったことが繰り返されてきた。事実、好き嫌いはさておき、豆腐にこだわるベジタリアンとして、一言言わせてもらうならば、どうにも口に合わない。通常の大豆一〇〇％豆腐は、濃厚な味といえばその通りだが、どうしても脂っぽい。食べた印象は、風味こそちがうものの胡麻豆腐に近いものがある。

ネット通販で人気の京都・百幸豆富セット

その違和感は、数年前、京都・南禅寺前で食べた湯豆腐を思い出させる。昔ながらの昆布出汁の湯豆腐を予想していたところ、何と鶏ガラで出汁をとった真っ白く濁ったスープが出てきたのである。「コラーゲンが豊富で美容にいい」というのだが、ベジタリアンにとってはありがた迷惑でしかない。

だが、豚骨ラーメンがブームになる時代には、あっさりとして繊細で微妙な味わいの湯豆腐より、栄養も豊富で、わかりやすい味のものが受けるということだろうか。いまでも自然志向を売り物にしたスーパーなどでは、そんな大豆一〇〇％豆腐が売られている。

そうした中で、ベジタリアンの私でもおいしく食べられる唯一の大豆一〇〇％豆腐こそが、実は同じ大豆一〇〇％豆腐でも、そう言われなければ気がつかない、㈱マイクロヒルソン研究所（椨井勇一社長）の「京都・百幸豆富」というわけである。

二十分でできる豆腐

豆腐は「畑の牛肉」といわれるほど、栄養豊富なことで知られる。だが、同じ豆腐でもスーパーの安売りの目玉商品からこだわりの店のものまで、ピンからキリまである。

「この世にない新豆富を目ざしました」とのコピーをキャッチフレーズにする百幸豆富の特徴は、同社のパンフレットには以下のように書かれている。

「大豆のもつコクと風味と甘みを引き出すために、大豆を丸ごとぜーんぶ豆乳にする、全く新しい製法を生かしているので、大豆の栄養素がそのまま生かされて栄養価が高い」。

「とくに従来の豆腐には含まれていない食物センイ（便通促進）の他、タンパク質（コレステロール抑制）、カルシウム（骨、歯の効果）、イソフラボン（骨粗しょう症、子宮ガン予防）、オリゴ糖（大腸活性化）、サポニン（成人病予防）、ビタミン（美肌効果）など、バランス良い栄養素がいっぱい含まれています」

要するに、まずはオカラが出ない環境にやさしい豆腐であること、栄養が豊富で美容と健康にいい豆腐ということだ。しかも、大豆一〇〇％豆腐ということを忘れさせるおいしさがある。まさにいいことづくめである。

もちろん、国産大豆、にがり一〇〇％を使用、グルコン（凝固剤）や防腐剤、消泡剤などの添加物は一切、使用していない。

ビジネスとして見た場合、豆腐の製造には大変な時間と手間がかかるというのが常識である。そんな仕事環境もあって、廃業に追い込まれる町の豆腐屋さんも少なくない。同社の新製法が何より画期的なのは、廃棄物を出さず、大幅に時間の短縮、作業の簡便化を可能にしたことである。

つまり、通常は大手メーカーの工場で十五時間から二十時間を費やしてつくっている豆乳が、同社の大豆・超ミクロパウダーによる新製法では、大豆を超微粉末にすることによって、三時間の工程ですんでしまう。また、一般の豆腐店でも十時間から十五時間を費やしていた豆腐づくりが、同社の豆腐製造機と豆乳を用いることによって、わずか二十分でできてしまう。一時間当たり三百丁できる。しかも、同社の強みはその豆腐製造機を使わなければ、同社の豆乳だけではおいしい豆腐「百幸豆富」にはならない。その技術力の高さとノウハウがある。だからこそ、桁井社長は同社の豆腐事業を「豆腐革命」というのである。

ミクロの世界とセメント

たかが豆腐の世界だが〝革命〟を起こすには、それを可能にする技術がなければならない。同業他社が大豆粉製法に挑戦してみてもとても満足できるものはできてこない。

一体、何が他の大豆一〇〇%豆腐とちがうのか。その一つは、同社が大豆を超ミクロパウダーにするプラント機器技術を確立できたことだ。ハイテク技術によって、大豆の細胞が生きていて、処理工程できな粉の変化や風味の損失が起こらず、均一の超ミクロパウダーになる。

このミクロパウダーに、実は同社の名前の秘密もある。二〇〇〇年三月、新規事業を立ち上げるため、マイクロヒルソン研究所を設立するに当たって、常に世の中のトレンドの先を読んできた桁井社長は「これからの十年二十年と、環境事業を追求していくべきだ」と考えた。

もちろん、環境問題は日本の企業の大半が視野に入れていた。その意味では誰もが考えていることであった。同社の特徴そして強みは、そうした中でミクロ=マイクロの世界に注目したことだ。

事実、彼が環境面で着目したのは豆腐だけではなかった。一つは固いセメント。もう一つが柔らかい豆腐事業であった。セメントと豆腐では何の共通点もなさそうだが、両方とも同社のものは特殊製法によるミクロパウダーがもとになっている。

セメントは海岸や河川のテトラポットや防波堤に使われているが、近年問題になっているのが、三十年近くたって有害物質が溶け出してきたことだ。そのため、海苔や藻が生えず、安全といわれていたセメントが、世界中の環境を破壊していることがわかってきた。

ところが、スイスのG社が開発したセメントは、百年間、有害物質を出さないというので、たまたまある人脈から栫井社長が、そのセメント事業を日本で展開する権利を得たのである。

さっそく、スイスから社長を呼んで、大手ゼネコンに営業をかけたり、講演会を開いたり、一年ほど動いてみた。反応はすごく良かったというのだが、大きなビジネスになりそうだということはわかっても、実際にビジネスにするには、時間がかかる。

そこで、もう少し手っ取り早くビジネス展開ができそうな豆腐事業に力を注ぐことになった。やはり新しい環境事業を模索していたときに、鳥のエサを大豆の粉を使って開発している人物と出会ったのがきっかけであった。

「大豆を粉にしたら、オカラを出さない豆腐ができるんじゃないか」という話から、共同開発することになった。実際につくってみたところ、ある外食チェーンで使われたのをはじめ、業務用での反応は上々だったという。ところが、いざ市販するとなると、脂っぽさがあるとか、粉っぽいということで、まったく受け入れられなかった。悩んだ椿井社長は、大豆の粉づくりだけで協力してもらうことにして、その後は一人で究極の大豆一〇〇％豆腐づくりに取り組むことになった。

ブランドイメージ戦略

おいしい豆腐をつくるには、まずおいしい豆乳づくりが欠かせない。そんな豆乳を求めて、一年以上も試行錯誤を続けたある日、ようやく満足できる豆腐が完成した。

栄養と大豆の風味、甘みでは、これにかなうものはない。百点満点はともかく、八十点ぐらいは与えられるものだった。「これはいける」と思った彼は、たまたまネットで全国のおいしい豆腐を募集していた築地市場の卸業者に持っていった。相手は「これはいい。明日から入れてください」といって、その味を激賞した。

やがて、卸業者と販売提携し、百幸豆富の全国事業展開を始めたのが、二〇〇二年七月のことであった。当初の予定では、フランチャイズチェーン展開により、全国規模で百幸豆富を生産する「百幸庵ＦＣ工場」、町の販売拠点である「百幸庵ＦＣ工房」を立ち上げていく計画であった。

こだわりの豆腐として上手に育てれば、百幸豆富は巨大な市場になると期待されていた。ところが、その後価格破壊が行われたり、こだわりの店以外にも入っていたりといった予想外の展開にいたったことから、二〇〇三年の十月末で一時撤退。あらためて、基本を大切に「この世にない新豆富」の名に恥じない演出とブランドイメージの構築を、優先することになった。

あるデパートで、意欲のある若いスタッフが「百幸豆富の販売コーナーをつくりたい」ということで、熱心に動いたことがあった。だが、栄養があって、安全な豆腐といった、消費者に百幸豆富の良さを伝えるということは、そのまま他の豆腐を否定することにつながる。そのことに気づいた上層部の判断で、計画は頓挫してしまうといった苦労もある。

その間には百幸豆腐を乗っ取ろうという動き、ミクロパウダーの技術やノウハウを盗もうとする人たちが続々とやってきたという。

社名の由来と目標

百幸豆腐をつくった椁井社長は、一九四七年二月、鹿児島県で生まれた。六九年、日本体育大学健康学科を卒業後、郷里で一年だけ高校の教師を勤めたが、「新聞記者になりたい」という夢を捨て切れず、一九七一年四月大阪のサンケイ新聞マーケティング部記者となった。

厳しい上司の下でマーケティングリサーチの基本を学んだ椁井社長は、七六年に二十九歳で独立。上京して、カコイ企画演出構造研究所を振出しに、七八年には東京企画出版社を設立、八八年にはケネディインターナショナルと、業用の拡大につれて社名変更を行ってきた。椁井社長は、実は日本のベンチャーの立志伝中の人物である。長い間マーケティンググリサーチの専門家として、またノベルティ・グッズのアイデアマンとして産業界やマスコミの脚光を浴びてきた。

そんな椊井社長が新規事業にチャレンジすることになったのは、結果的にビジネスにおける成功の頂点から奈落の底へ落ちるという苦い経験があったからであった。

現在のマイクロヒルソン研究所は二〇〇〇年三月、新規事業の立ち上げを機に、社名変更したものだが、そこにはミクロの世界をターゲットにするという意味のマイクロと、世界のヒルトンホテルのヒル、発明王エジソンのソンという三つの意味が込められている。

その名に相応しい革命的な百幸豆富の製法と味、安全性とによって、彼は豆腐業界に革命を起こすことを目標に掲げる。

これまで、こだわりの店やホテル、旅館、和食店などに、業務用の豆腐製造機と豆乳の提供を行う傍ら、ネットによる通販での豆腐販売を行ってきた同社は、その実績とブランドイメージの確立とともに、いよいよ本格的に一般市場への展開を始めようという、まさに正念場を迎えつつある。

マーケティングの手法

椊井社長が、その事業を「豆腐革命」というのは、全国およそ六千店の豆腐店が、同社の新製法を導入することによって、労働環境も一変し、後継者難の問題もなくなると確信するからである。

だが、いまでこそ豆腐革命を掲げる桥井社長のこれまでの歩みは、およそ豆腐とは無縁のものであった。日本のベンチャーの立志伝中の人物として脚光を浴びてきた彼は、さまざまなアイデアやビジネスを世に問うてきた。

例えば、いまでは誕生カードや電報に、当たり前に使われているメロディーカードは、もともとは桥井社長の発案による。カード用のＩＣを開発し、カードを開くと、センサーが光を感知して、ＩＣメロディーが十五秒ほど流れる。最初につくったのは、開くとウェディングマーチのメロディーが流れる「ウェディング・メロディレター」で、当時はミュージックレターといっていた。八五年に発行された科学万博のメロデーつき記念切符も、彼が全面的に供給したものだ。

五年半の新聞記者生活を経て、二十九歳で独立した桥井社長は、七六年に上京して「カコイ企画演出構造研究所」を始めた。そこで手がけたことは、新聞記者時代に叩き込まれたマーケティングリサーチの手法を生かしたものであった。つまり、今という点を定点観測していると、続けていくうちに点が線に見えてくる。そして過去と現在の点を線にしていくと、その先に明日の売れ筋商品、将来の傾向などが手にとるようにわかってくる。

そこから生まれたのが、パリのストリートファッションとウィンドーファッションを撮影して、最新の流行を日本に速報するという新ビジネスであった。

パリにあるブティックを毎月、定点撮影していくと、ショーウィンドーが微妙に変化していく様子が、手にとるようにわかる。そして、半年もすると、まったく別の店のようになっている。それは本場のファッション情報を求めていたアパレル・ファッション業界の人たちにとって貴重なものであった。

当時の彼の夢は「パリだけでなく、世界中の動きをいつでもキャッチできるようにするのが夢だ」というもの。その言葉通りパリを始めたところ、次は「ミラノが欲しい、ニューヨークが欲しい、ロンドンが欲しい。ニースやカンヌなどのリゾートも欲しい」という要望に応えていくうちに、わずか一～二年で、世界中に駐在員を置くようになった。そのとき、彼は「夢はまず、語らないと先に進まない」ということを実感したという。

マスコミの寵児

ファッション事業とともに、栫井社長が目をつけたのが、企業の販促用ノベルティグッズであった。当時の販促用グッズは、マッチやティッシュなど、栫井社長から見ると「どれも似たようなもので、ほとんど販促用の価値がないものばかり」だった。予算の額が大きいという魅力もあって、彼は「もっと気のきいたものが開発できれば、十分に入り込む余地がある」と考えたのである。

特に、情報化社会の中で、ファッション情報を手がけることによって「情報は整理することによって宝になる」と知った彼が始めたのは、情報を整理した販促用グッズづくりであった。その一つが当時の東京郵政局簡易保険部で採用された「暮らしの便利帳」という小さな赤い手帳であった。

その手帳を見て、担当者は「これだ。こういうものを探していたんです」といって喜んだ。それは、彼の給料が五〜六万の時代に二百万円の契約となった、記念すべき仕事であった。

七八年には「東京企画出版社」を設立。以後、その手帳はシリーズ化され、大手スーパーをはじめ薬局・薬店の店頭を狙った「暮らしの医学書」シリーズ、女性の生理の記録ができる「ヘルスメモランダム」、ゴルフファンのための「ゴルフスコア手帳」、スイマーのための「スイミング手帳」など、ちょっとしたアイデアが次々と形になっていった。一時は「カラー手帳の東京企画出版社」とのキャッチフレーズで呼ばれたほどだという。

カーレースのチケットを日本で初めてコンビニで売る仕組みをつくり、閑古鳥の鳴いていた富士スピードウェイを、再び若者たちが集まる場所にして、スポーツカーブームをつくった。その仕掛け人も栫井社長であった。

八八年にはファッション事業の海外への展開など、業務内容が急激に拡大していったことから、社名を「ケネディインターナショナル」に変更。国際カーレーサーと契約、新たにチームを結成するなど、カーレースにも進出し、マスコミの寵児となっていった。まさに飛ぶ鳥を落とす勢いにあった。

温蔵庫に賭けて

経営者として、大きな成功を収めつつあった椨井社長は、販促用グッズとファッション事業に次ぐ、事業に乗り出した。それが九五年にスタートした、できたての料理をそのまま長時間保存できる温蔵庫・温蔵車「クッキングホットシステム」の製造・販売であった。

それまでの温蔵庫は食品が乾燥しやすく、食品の劣化が早いため、短時間の温蔵保存しかできないという欠点があった。それに対して、新システムはもともとあるメーカーにいた研究者が開発したもので、遠赤外線のセラミックパネルヒーターを使用することによって、できたての料理をそのままの状態で、長時間温蔵できる優れもの。ホテルなどの料理人にとっては、夢のようなシステムであった。

その営業面を椨井社長が本格的に請け負い、温蔵システムの特許を申請し、温蔵庫のショールームをつくるなどして、実際に沖縄のホテルなどに売り込んでいった。椨井社長の表現によると、導入したホテル側では「アツアツ料理だけでなく、人員削減にもなる」といって喜んだという。

温蔵庫は好評のうちにホテルや外食チャーン、弁当店などに、少しずつ採用されていった。確かな手応えを感じていた栫井社長に、大手コンビニチェーン社長から持ちかけられたのが「全店で同システムを使ったアツアツ弁当を発売したい」という話であった。

そして、最終的にマイナス二〇度、三〇度になる真冬の北海道でうまくいけば、日本中で成功するというので、現地での実験が行われた。実験の結果、厳寒の北海道でも予想以上においしい御飯とおかずが食べられたため、さっそく社長から「すぐにやりたい。全店、内密で進めてほしい」との電話があった。

各地でのテスト販売にも成功して、いよいよ東京でやろうということになった。計画はどんどん煮詰まっていったが、好事魔多しである。店舗に合わせた温蔵庫もできて、次々とメニューが決まって、あとはコンビニチェーンとの間に入っていた納入業者が、温蔵システムを導入するだけという段階になって不況が深刻化、肝心の銀行の融資が受けられず、そのまま凍結されてしまった。

新規事業は全体でおよそ三十億というビジネスであったことから、栫井社長としても、かなりの投資を行うとともに、信義上、当面は他のコンビニなど、関連する業界の仕事を整理して、新規事業に臨んでいた。

従来の取引先の仕事を切ったところに、新規事業までストップという事態が重なって、すべての歯車が狂ってしまった。もう一本の柱であるファッション事業だけでは、とても社全体を支えていくことはできなかった。

苦渋の決断を迫られた椊井社長は、周囲に迷惑がかかる前に事業を縮小し、海外スタッフを全面撤退させた。そして全面撤退後、新規事業としてあらためて取り組んだのが環境問題であり、その具体化したものが「百幸豆乳・百幸豆富」であった。

失敗は成功のもと

いい豆腐はいい豆乳からつくられるというのは、業界の常識である。百幸豆富の味を、さらに満足できるものにしようと、時間を見つけては探究していた。二〇〇四年になって、椊井社長はようやく満足できる豆乳づくりに成功した。

「これで、もっとおいしい百幸豆富ができるぞ」と喜んだのも束の間、できあがった豆腐は、なぜか豆乳のおいしさとはほど遠い味であった。そのときわかったことは、豆腐をつくる豆乳と飲む豆乳は、同じにはできないということであった。

常識とは異なる意外な結果に、ガックリ肩を落とした椊井社長が、そのとき「失敗だ」といって、その豆乳を捨てていたら、現在の飲料用の「百幸豆乳」は開発できていなかったはずだ。それは豆腐には使えないが、豆乳として飲んでみると素晴らしい。まさに、彼が探し求めていた豆乳であった。

その豆乳は健康ブーム、ダイエットブームの中で牛乳に代わって利用される機会も多くなっている。豆乳のデザート、シチュー・グラタン類など、牛乳の代わりに。あるいは、パン生地やタコ焼きに入れると、冷えても縮まずにふっくらしているとか、麺類の生地に加えると、グッとまろやかな味になるなど「百幸豆乳」の可能性は限りなく広い。

禍福はあざなえる縄のごとしという。失敗は成功のもとでもある。まさに、ピンチをチャンスに変える素材ができて、栫井社長の当面の夢にも拍車がかかっている。

彼の夢は百幸豆乳・豆富がある程度市場に認められた段階で、新たな販売会社を設立して、各地にフランチャイズ工場をつくり、廃業に追い込まれている地域の豆腐店を「百幸庵」のフランチャイズ店化し、行列のできる店にしたいということだ。

例えば、地域で評判のおいしい豆乳の豆腐店には行列ができる。あるいは「おいしい」と評判のコロッケの店が全国でチェーン展開される。タコ焼きやクレープ、漬物など、ちょっとしたきっかけでチェーン化され、全国を制覇するケースも少なくない。栫井社長が思い描いているのは、それらと同様の可能性である。

もちろん、彼が百幸庵に同様の行列をイメージするのは、理由がないことではない。東京の田園都市線沿線の某駅周辺に業態の異なる十店舗を展開する居酒屋では、竹の器に盛られた手づくりの百幸豆富があっという間に人気メニューとなり、全店に広がっているほか、豆富ステーキ、揚げ出し豆富などが主力商品になっている。

そんな百幸豆富の力に対する実感と手応えがあるからこそ、目標もまた高いということだろう。かつて全世界に拠点を築き需要も多く、将来を約束されていたはずのファッション事業その他、まさに成功の頂点から奈落の底に落ちる形で、多くの事業からの撤退を余儀なくされた桁井社長には、やり残した仕事も少なくない。

頓挫したファッション事業も、いまだ他社がマネできない独自のノウハウと情報の蓄積があるだけに、できるだけ早い時期に再開したいとの思いもある。撤退のきっかけとなった温蔵システムは、いまも日本ではもっとも遅れている部分である。同システムの導入によって、コンビニばかりでなく、学校給食、病院給食、高齢化時代における老人の食事まで、大きく変わる可能性もある。

それらやり残した事業を再開するためにも、百幸豆乳・豆富事業のさらなる成功が急がれるのである。

❖　❖　❖

ネット通販の「豆腐取寄」人気日本一

十年近く前、鹿児島県大隅半島の先端近くにある根占町（現・南大隅町）で、何もない田舎を逆に売り物にした異業種交流会「ねじめサミット」に元岡三証券の知り合いに誘われて、参加したことがあった。

講演とシンポジウムの後、交流パーティが行われた、その場で地元の料理や焼酎などと一緒に「京都・百幸豆富」のデモンストレーションが行われていた。根占町出身の㈱マイクロヒルソン研究所の栫井勇一社長から「まあ、とにかく食べてください」と言われて食べたのが最初の「京都・百幸豆富」体験であった。

「大豆一〇〇％です」という、その味は本文にも書いたように、初めて納得できる大豆一〇〇％豆腐だったことを今でも覚えている。

あれから八年。こだわりの豆腐を、安売りすることなく、納得して導入してもらうために、地道に一店一店、新規の取扱店舗の開発を続けてきた。そのため、こだわりの豆富のビジネス展開は、いかにもスピードがゆっくりではあるが、久しぶりに会った栫井社長から「いつの間にか、ウチの豆腐がネット通販の『豆腐取寄』の日本一になっている」と聞いてビックリした。

味の点からは、何の不思議もないとはいえ、大々的に宣伝するわけでもなく、たいした販促活動をするわけでもなく、いわば口コミを意識的に拡販の手段にしていて、突然の日本一だったたからである。「ＢｉｚＣｏｍｅ」の検索エンジンレポートには、「豆腐取寄」部門で「ヤフー」「グーグル」で三十五万件のうちの一位という結果。「ｍｓｎ」でも三十一万二千件のうちの一位である。

時代は大きく変わっている。今や小売りの世界でもダイレクトマーケティング全盛の時代である。デパートやスーパーが売上げを伸ばせない中、通販市場は拡大を続けて、二〇一一年度の通販売上高は前年度比九％増の五兆九百億円と、一九八二年度の調査開始以来、初めて五兆円を突破している。五兆円超えの牽引役はインターネット通販である。

京都・百幸豆富の豆腐取寄人気№1もまた、口コミやこだわりが威力を発揮する、そんなネット通販の時代の一つの証明である。

豆腐（ＴＯＵＦＵ）は世界に通用する日本の食材の一つである。美と健康指向が高まる中、海外での日本食人気とともに、豆腐並びに豆乳は世界各国で売られるばかりでなく、生産もされるようになっている。

豆腐の日本一ということは、そのまま世界№1である。このネットでの人気、注目度をいかに大きなビジネス展開につなげていくか、その意味では次なる戦略が問われているとはいえ、京都・百幸豆富の可能性および将来性は、依然として輝かしいものがある。

第11話

郵便番号だけで届く世界一ユニークな社名の「株式会社△□○（みよまる）」

福田剛　会長

❖真っ赤なスーツの社長は歩く広告塔
❖起死回生のために行った死んだつもりの「生前葬」
❖「頑張ろう」は禁句、社会貢献が業績向上につながる

午前中の電話は「もしもし」ではなく「グッドモーニング！」。PRのためなら自社名の入った真っ赤なスーツで結婚式にも参列。底抜けに明るい地元・広島の名

物社長も、青春時代は水商売を転々とする荒んだ生活を送った。そんな人生の起死回生のために行ったのが、何と自分の生前葬であった。△□○は人生そのもの？　CIブームを追い風に、IT戦略と社会貢献を実践するユニークな経営とは。

世界に通用する社名

いまの日本の企業社会に欠けているものは明るさと元気である。景気がパッとしないのだから仕方がないという気もしないではないが、気は心である。

その点、広島市安佐南区にある㈱△□○および同社を率いるミスター△□○こと福田剛会長（掲載時・社長）の最大の取り柄は明るさと元気。その午前中の電話は「もしもし」ではなく、元気な「グッドモーニング！」の声で始まる。

「相変わらずパッとしない世相に、一人ぐらい底抜けに明るい男がいても面白いのでは」

という福田会長は、「トップはどんなに辛くても苦しい顔、嫌な顔をしてはいけない。特に中小企業はトップの思いが会社経営に直接表れる。カラ元気でもいいじゃないですか。私はトップが自分を元気に見せていれば、会社も元気になっていくと思うんです」

と、あくまでもプラス思考である。

事業内容は建築資材製造販売・施工。リラックス・パーティション（室内の可動間仕切り）やトイレブースなどを扱っている、本来はお堅い会社である。

一九七〇（昭和四十五）年、パーティション施工会社を設立。翌七一年六月、㈱△□○として法人化した。

×がない△□○の本社ビル

△□○はもちろん漢字にはない。そのため法人登記はカタカナの「ミヨマル」だが、それ以外はすべて△□○で通している。

郵便物も△□○。電話番号も三四〇〇、銀行口座も〇〇〇三四〇二（振込は△□○に）といった具合。資本金も三四〇〇万円と徹底している。

それにしても、なぜこんな不思議な社名にしたのだろうか。

「名は体を表す」というが、本格的に事業を始めるに当たって、福田会長は平凡な社名ではなく、大きな社名にしたかったという。

「大きな名前とは？」

「世界にたった一つしかない社名とは？」

たかが社名一つとはいえ、彼は必死になって考え苦しんだ。やがて、見るもの、聞くものすべてが社名に思えた。そんなある日曜日の午後、昼間から一杯やっていたせいか、なんとはなしに窓の外に目をやると、見慣れた風景がいつもとちがって見えた。

「アレッ？　あの屋根は△に見える。窓は□だ。そう言えば、人の顔は○に見えるぞ」

そのときのことを福田会長は「突然のヒラメキ」と称するが、△・□・○に世の中を構成するすべての原形を見てとったのである。そのつもりで見れば、△□○＝世の中＝宇宙にも通じる。これほど大きな名前はない。

読み方は三角は辺の数からヒイ・フウ・ミ・ヨの「ミ」、四角は「ヨ」。○はそのまま「マル」で、ミヨマルとなったわけである。

社長は歩く広告塔

「石の上にも三年」というが、福田会長の場合は一九七一（昭和四十六）年に社名を△□○にして以来、すでに四十年を越える。

いまでこそ製造販売まで手がけているが、創業当初はパーティションの施工会社でしかなかった。社名を宣伝する必要などないというのが、一般的な受け止め方であろう。

だが、福田会長の考え方はちがっていた。運命的ともいえる社名△□○をつけたときから、いつの日か△□○を世界に通用する会社に育てたいとの大きな夢があった。

だからこそ、創業以来「日本一記憶に残る素晴らしい社名」と信じ、新しい時代のイメージを持った挑戦的で冒険心にあふれたベンチャー企業として、あらゆる機会を捉え、さまざまなPR努力を続けてきたのである。

「歩く広告塔」となったミスター△□○＝福田剛会長は、背広の背中に△□○マークの刺繍を施し、ボタンからネクタイピン、財布、名刺入れにまで△□○マークを入れている。

あるとき「まさかパンツまでは？」と言われ、△□○マーク入りの下着をつくって「あなた、一体誰に見せるつもり！」と奥さんに糾弾されて、夫婦の危機に陥る呆れた一幕もあった。こと△□○の社名を広めることとなると妥協を知らないのである。

△□○入りの背広を着用し始めたころは、家族が一緒に歩いてくれなかった。どうしても一緒に歩かなければならないときは、何メートルも離れてついてくるという状態が続いた。ようやく一緒に歩いてくれるようになるのに、五年ほどかかったというから「歩く広告塔」も大変である。

だが、福田会長の苦労も、やがて風向きが変わっていく。

九七年秋、六〇回目の誕生日を迎えた彼は還暦祝いならぬ「活再（かっさい）祝い」のパーティを広島市のホテルで行った。

活再とは還暦を「拍手喝采」で迎えるというところから「活再祝い」とした福田会長の造語であり、「六十歳還暦＝年寄りくさい」とのイメージを払拭する意味もある。

つまり、還暦あるいは職場での定年は、それを境に余生を送るといった人生の終着駅ではなく、単なる人生の折り返し点、通過点にすぎないというわけだ。

そのパーティに、彼は赤いチャンチャンコならぬ△□○マーク入り紅白のスーツで登場して、周囲を唖然とさせた。

しかも、そのほとんど真っ赤にしか見えない紅白スーツを、タンスにしまっておくのはもったいないとばかりに、なんと大安の日には表に着ていったのである。

それ以来、彼が紅白スーツを着ていると、その日は大安とわかることから「大安マン」と呼ばれるまでになった。おめでたい席には欠かせないと「結婚披露宴にぜひ紅白のスーツで」と招待されたり、お店の開店披露、建物の竣工式、各種パーティでは「乾杯の音頭とりに」という声がよくかかる。

年功序列や肩書社会の日本では、誰に「乾杯」の音頭をとってもらうかに頭を悩ませるケースが少なくない。そんな場合に、紅白スーツを着た福田会長であれば、すんなり「乾杯！」ということになる。その場合は「大安マン」ではなく「乾杯マン」と呼ばれる。

そんなわけで、福田会長は地元・広島ではちょっとした有名人なのだ。

優柔不断の青春天国

派手な△□○入りのスーツを着て、大きな声で楽しげに笑う、いつも明るくて元気な福田会長に接していると、その明るさは天性のものと思いたくなる。

だが、若かりし日の彼はいまからは想像もできないような意気地なしであった。

一九三七（昭和一二）年、長崎県の炭住街に生まれた福田会長は、県立北松南高校を卒業後に上京。無線専門学校に入学した。

花の東京生活は希望した寮に入れず、三畳一間の安アパートでの自炊。早速、生活費を稼ぐためアルバイトに精を出すのだが、これが人生の躓きの始まりであった。

バイト先は近所のバー。地方出身の専門学校生には刺激が強すぎたというべきか。若いホステスや店のお客に可愛がられ、楽しい毎日を送っているうち、学校のほうは遅刻・欠席が重なり、結局、六か月在籍しただけで退学。実家からの仕送りも当てにできなくなって、住み込みでできるマンモスバーに就職、ドアボーイとなった。

店は新宿の街のど真ん中で、天井裏が住み込み場所。まさに若さと酒と女に囲まれた青春天国の日々が続いた。

すっかり水商売の水に慣れた福田青年は、その後、勤め先を転々とした。昼過ぎに起きて三時過ぎに出勤して、明け方近くにアパートに帰りつく……。

そんなある日、上京した高校時代の友人がアパートに一泊していった。

翌朝八時ごろ、目を覚ました友人が「おい福田、朝だよ、起きろ！　いつまで寝ているんだ」

このとき夢うつつで聞いた友人の言葉に、福田青年は大きなショックを受けた。

「もしかしてオレはいままで、まともな生活をしていなかったのだろうか？」

そう思うと、青春天国にどっぷり浸かった夢の日々が急速に色褪せていった。

以来、水商売にも女性との生活にも不信感が募り、青春の日々を浪費する優柔不断の自分が腹立たしく、気持ちだけでなく生活まで荒んでいった。

勤めていた店とトラブルを起こし、同棲していた女性との修羅場を演じて、やがて彼は水商売から足を洗い、世田谷にあった鮭の燻製製造会社に就職した。

その会社の出先であった阪急デパートの食品売り場に配属され、そこで生涯の伴侶である現夫人と巡り合い、彼はやっと立ち直りのきっかけを掴むことになる。

死んだつもりの生前葬

同棲から始まった二人の新婚生活は、それなりに楽しいものであったが、福田会長は些細な理由で仕事先を辞めてしまう。水商売から足を洗って二年ほどの間に、十回以上も仕事先が変わっていた。

夫人の少ない給料を当てにする生活に、彼としても、意志の弱い自分の性格にほとほと嫌気がさしていた。何とか気弱な自分に男としての自覚と責任感を持たせたいと、同棲生活を切り上げ、結婚式を挙げた。だが、その後も結婚の効果は上がらなかった。

そんな折、何気なく読んだ人生相談の回答欄に「そこまで思い詰めているのなら、いっそ本当に死んだつもりになってやり直してみてはどうでしょうか。新しい人生が開けてくるかもしれませんよ」と書いてあった。

「ああ、そうか。私も本当に死んだ気になって、この現状を乗り切ればいいんだ」

そう思っても、優柔不断で意志の弱い人間には生半可なことでは「死んだ気に」などなれるものでもない。

そこで彼が考えたことが、本当に自分の葬式を行うということであった。

しかし、生前葬をやるとなると、お坊さんの協力が必要である。そこでさっそく、身近なお寺を訪ねたのだが、なかなか理解してもらえない。そんなお寺詣でを続けているうちに、やっと興味を示してくれるお坊さんに出会うことができた。

それが一九六三年、二十六歳のとき。脆弱な自分の性格と訣別するための心の葬式「生前葬儀」であった。友人に葬儀委員長になってもらった生前葬儀は悪友多数が参加、荘厳な読経の流れる中で滞りなく終わった。戒名は「逆修焰徳明剛信士位」。

仏壇に置く黒塗りの位牌と、胸のポケットに入るミニチュアの白木の位牌の二つをつくって、白木の位牌は肌身離さず持ち歩いた。

弱い自分が出そうになると、いつもその位牌に手を当てて「おい、お前はいったん死んだ人間ではないか」という戒めにもなる。

それだけの決意と努力があって、初めて彼は弱い自分、優柔不断な自分を変えることができたのである。

その後、夫人の長兄がやっていた電気工事を手伝うことで、それまでの転職癖も治まった。そんな彼が広島で△□○を始めることになるのは、末の弟から「パーティションの組み立ての仕事がある」といわれ、広島を訪ねたことからであった。

ちょうど子どもが生まれたこともあって、福田会長は仕事の内容はさておき、子どもを育てる環境を優先し、広島への移住を決意。一九七〇年に新天地での生活をスタートさせ、今日に至るわけである。

△□○は人生そのもの

自分でつけたとはいえ、△□○という社名に出会ったことで、福田剛会長の人生も大きく変わった。

確かに、誰でも一目見たら忘れない。「ハテ、何と読むのか」と気にかかる。背中やボタンに△□○マークがついていれば「一体何なのか」と考えたくもなる。

当初は「あの社長、ちょっと頭がおかしいんじゃないの」と言われたり、ド派手なパフォーマンスに〝変人扱い〟されたこともあった。

だが、逆に「いつも気になっていたんですけど、△□○ってどう読むんですか」と、会社を訪ねてくる人もいる。

特に、子どもや女子中高生は△□○マークを見つけると興味を示して、盛んに噂しては楽しそうな笑い声を上げる。しかも、△□○には ×（バツ）がないことから、ボタンの△□○グッズは受験生には絶大なる人気がある。

外国人に△□○の説明を求められて、冷汗をかくこともある反面、中国のテレビで紹介されたときには、就職申し込みの手紙が「日本国広島　△□○・人事部長様」だけで届いたりもする。

そんな△□○の社名とともに歩んできた福田会長にとって、△□○の図形は人生の象徴でもある。人生を川に例えれば、一人の人間は小石のようなもの。山上の岩が沢に転がり落ち、やがて川を下るにつれて、少しずつ角が取れ△が□になり○になる。

一人の人間もまた、若いころから鍛えられあちこちぶつかりながら成長を遂げ、最後に丸くなってあの世にいく。
△は若さ・未完・躍動、□は充実・安定・重厚、○は円満・完成・枯淡を表す。まさに人間形成の過程そのものというわけである。

CIブームが追い風に

創業当初はパーティションの施工だけなので、いくら福田会長が△□○をPRして歩いても、直接仕事には関係がなかった。

それでも、背中に金色の△□○マークを刺繍した作業服を二着ずつ支給。社員にも△□○マーク入りの作業服を着用してもらおうと努力した。ところが翌日、作業服の背中を見ると、△□○マークはなく、刺繍を剥がした跡が残っていてガックリしたこともあった。

その意味ではまったくといっていいほど、福田社長の努力はカラ回りしていた。

そんな福田会長の思いと仕事が噛み合ってくるのは、世の中にCI（コーポレート・アイデンティティ）ブームが起こってから。お堅い銀行が「トマト銀行」に変身して注目を集めたことがあったが、そのころから「変な名前」という評価は「ユニークで、いい社名だ」と見直されるようになった。

日本の高度成長の中で順調に売り上げを伸ばしていった△□○は、八五年には倒産した九州のメーカーを救済合併の形で引き継ぐことになり、パーティションの自社製造にも乗り出した。メーカーとして、ある程度の知名度が必要になってくると、営業の役に立つケースも多くなった。事実、大手メーカーが圧倒的に強い寡占状態の市場で、後発ながら△□○が着実な成長を続けられたのは、△□○というユニークな社名のおかげでもある。

どこかで△□○マークを見ていれば印象に残っているはずだし、名刺の△□○を見れば興味を持ってもらえるため、仕事の話もスムーズにできるなど、新規参入の難しい市場で△□○という社名のおかげで食い込めた例も少なくない。だが、名前は一つのきっかけである。取り引きしてみたものの当てがはずれたというのでは話にならない。それこそ、△□○の名が泣こうというものだ。

実際には、実績のある施工部門を別会社化し、グループで製造と施工を一貫して行う体制を築くことによって、他社と差別化。製品を納めるだけではなく「△□○は最終的に施工まで面倒を見てくれる」ということで、人手不足が続く建築業界で重宝された。

もう一つの△□○の強みは、大手よりも圧倒的に納期が短いことだ。中小企業特有の小回りのきく営業・生産体制が徹底しているため、無理な注文にも十分対応できる。

「頑張ろう」を禁句にする

九州に工場を持ち、メーカーの道を歩み始めてから三年ほどたったころ。狭い工場ながら順調にいっていると安心していた矢先。数日間、会社を休んでいた若い社員が鉄道自殺をするという衝撃的な事件が起きた。

△□○の工場では職安からの世話で、身障者が数人働いている。亡くなったのは、年に一度鬱状態に陥る傾向がある一人だった。「頑張れ、頑張れ」とみんなに励まされながら頑張ってきたのに、結局休んでしまった。そんな周囲の期待に応えられない自分を苦にしての自殺であった。「なぜ一言の相談も上司にできなかったのだろうか?」「なぜ、仕事仲間が誰一人気がつかなかったのだろうか?」

若い社員の死に際して、素朴な疑問を抱いた福田会長は、狭い工場で必死で働いている社員たちの姿を見て「こんな作業環境の中では社員の心の変化を感じ取る余裕など持てるはずがない」ことを悟った。

「当社の社員は心の底から楽しく働いているのだろうか?」「もっとゆとりの持てる大きな工場に移らなければ……」

そう考えた福田会長は、間もなく苦しい資金繰りの中で、約四倍強の広さを持つ新工場への移転を実現させた。

一人の社員の死は、経営者としての福田会長に多くの教訓を残すことになったようで、工場ばかりでなく、全社的にもゆとりのある楽しい職場づくりが始まった。

社員がリラックスして働ける環境づくりを目指し、手始めに職場から「頑張ろう」という言葉を追放した。△□○では朝礼でもミーティングでも、普通は「頑張りましょう」といって終わる代わりに「今日も一日、リラックスして積極的に行動しましょう」という激励の言葉で終わる。

そんな〝ガンバリズム〟とは逆の、全社的な〝リラックスイズム〟の中から精神的にも肉体的にも安らぎを得られるという付加価値の高い商品づくりと結びついたのが、△□○オリジナルのトイレ間仕切りユニット商品「リラックス・ブース」と、アルミ可動間仕切り商品「リラックス・パーティション」である。

任せるためのスペア経営

一人の社員の死は経営者としての福田会長を大きく変えることになったが、もう一つ彼が大きく成長するきっかけになったのは、自らの命の大切さを知ったクモ膜下出血で、長期療養を余儀なくされたことであった。

八九年の十二月三十日、大掃除の後、夫婦揃って友人の新築祝いに出かけていった。朝から頭痛が抜けなかった福田会長は、友人宅でビールを一杯飲んだだけで、容体のただならぬことを自覚。夫人に「病院に連れていけ」と叫び、そのまま救急車で病院に直行した。早期発見と応急処置が良かったためか、手術せずに済んだのだが、そのまま六か月以上の療養を余儀なくされ、完全復帰には約一年を要した。

普通の中小企業であれば、社長が倒れればそのまま倒産の憂き目にあうか、倒産しないまでも経営内容の悪化は否めない。ところが△□○の場合は、会長が倒れたことで全社的な危機意識が働いたということか、むしろ業績がアップしたのである。

その意外な展開に福田会長は、以前から心がけてきた〝スペア経営〟の成功を確信したようだ。福田会長は常々、幹部をはじめ社員たちに「私は職場内では部下を徹底的に信じて仕事を任せるので、みんなもしものときのために、必ず自分のスペアを一人以上育てるようにしておいてほしい」と語ってきた。

そんな任せる経営の成果が証明された形であったが、たまには失敗もある。

クモ膜下出血で倒れる三年ほど前、広島営業所と九州営業所をそれぞれ中国支店と九州支店に変更。昇格に際して、新支店長を社員間の投票によって選出することにした。福田会長としては、社員を信頼しているからできる任せる経営の実践のつもりであった。

選挙の結果、九州は予想通り営業部長が選ばれたのだが、中国はまったく予想外の入社三年目の若い営業担当社員が同点決勝の末、一票差で選出された。課長を飛び越えて支店長になった彼は、にわかに自信を得て、一年でかなり業績を向上させた。ところが、若げの至りということか、その後テングになって選挙で彼を支持した仲間から総スカン。翌年から売り上げが急激にダウンした。わずか三年で支店長選挙制度は失敗に終わってしまった。

「いまなら、もっとうまくフォローができると思う」という福田会長だが、ショック療法としては、会社の体質改善に一応の成功を見たということだろう。

インターネットを味方に

建築業界で仕事をする△□○の置かれた環境は最悪である。業界そのものにどっぷり浸かっていれば、△□○の業績も落ち目で当然だ。だが、いわゆる業界の発想を捨て、これまでとはちがうアンテナを使うことによって新しいルートを開拓。二〇〇〇年には前年比二五％増の売り上げを達成している。

業績が好調な理由の一つに、△□○というユニークな社名が役に立っていることも確かであろう。事実、インターネット上でも「△□○」とか「読めない会社名」ということで△□○のことが話題になっている。

広島が本社の△□○は、工場や支社のある九州および中国地方が、これまでの商圏であった。しかも、建築業界の中で仕事をしてきたため、代理店を通じて売ってもらうといった発想しかなかった。

ところが、最近では△□○という社名に興味を持った企業が、直接、全国からコンタクトしてくるのである。これまでもテレビその他で紹介されてきた△□○ではあるが、インターネットは確かにこれまでとはちがう、新たな可能性を予感させるもののようだ。

そんな時代の風が吹く中、介護用のバリアフリーのセンサー式ドアの開発のメドがついた。それは△□○がつくる初めての一般家庭にも売っていける自社商品である。

そうしたユーザーに直結する商品を完成させることで、ユニークな社名を持つ△□○のこれまでにない面白い展開も期待できる。

消費者に直結する商品を持つことで「社名先行」の企業から、中身も伴った企業に変身できる日も、そう遠くはないようである。

ポイ捨て禁止の企業宣誓

△□○の社員が出す名刺は、かなり凝っていて、スマイルカードと称する二つ折のカードが個人の名刺になっている。このスマイルカードを開くと「社名の由来」と「△□○三訓＝企業理念」が書かれ、裏に「笑顔には笑顔」という福田会長の信条が載っている。

「△□○三訓」は、以下の通りである。

一、私達は日々生かされ・活きている幸運に感謝し、社会への貢献を使命とした△（企業体）の一員である。各人その職分を認識し責任を全うすべし。

一、私達は□（四）方へ伸びる、無限の可能性と潜在能力をもった、有能な人間であり会社である。各人誇りと自信を持って全ての事に当たるべし。
一、私達は家庭○（円）満、社内○（円）満、地球○（円）満を乞い願う、心豊かな社会人である。各人日々の健康と事故に十分配慮すべし。

先ごろ、この自慢の三訓を改訂し「日々生かされ・活きている幸運に感謝し」という部分をつけ加えた。

信じがたい事件が多発する世相に欠けているものとして、また自らもクモ膜下出血で療養生活を送ることで実感した「生かされて・活きている」事実を人間関係の原点であるとして、企業理念に入れたわけである。

そんな彼の思いを何とか周りにも伝えたいということで実を結んだのが、アイデアマンの福田会長が始めた「みとるんジャー」の全社運動であろう。

十数年前の夏、台風が広島地方を襲った数日後。社窓から見える光景が一変、会社の横を流れる河川の至るところに台風で運ばれてきたゴミが散乱していた。たまたま、その日は△□○の「環境整備の日」ということもあって、社員全員で川底に下り、手分けして河川のゴミ拾いを行った。

河川敷、マンホール、至るところに空き缶の山が築かれている。そんな缶の山に、福田会長は昔の〝貝塚〟ならぬ、人間のおごりと地球の危機を警告する〝現代の缶塚〟を見たようだ。

その結果、できたのが「日々続けられること」を基本にした「企業宣誓」であった。

九八年三月には「クリーン戦士・みとるんジャー」と銘打った小冊子を作成。△□○の思いを公表するとともに、本社ビルの屋上に巨大な「みとるんジャー」の人形と「企業宣誓」を書いた垂れ幕を掲げた。


〈私達は地域環境美化を目的とし、企業の総意により、
一、空き缶の投げ捨てをしない。
二、ポリ・ビニール類の投棄をしない。
三、タバコの吸い殻をポイ捨てしないことを誓います。
まず、自分にできる一つから・・。

㈱△□○グループとその家族〉

地球環境を汚すポイ捨てをしっかり私たちが「みとるんジャー」というわけである。

背中に△□○を背負っていると、社長業の傍ら、普通なら考えなくてもいいようなことまで考えるということか。福田会長は独特の経営哲学、人生訓めいた文句をつくっては、さまざまな手

段で世間に訴えている。

〈笑顔を見せれば笑顔が応える。アカンベーをすればアカンベーが返る。
愛をうたえば愛のこだまが。
人の道はそれぞれ鏡。
道さまざま人生△□○。誠心誠意（まこと）を映そう、人の道・商いの道、平和の道〉

笑顔が平和への道に続くと信じて、ミスター△□○＝福田会長は、今日も明るく元気に全国行脚を続けている。

❖　❖　❖

会長の仕事は「快調」職？

「いまの日本の企業社会に欠けているものは明るさと元気である。景気がパッとしないのだから仕方がないという気もしないではないが、気は心である」

この冒頭の文章を書いたのは、十二年前のことだ。現在、まったく訂正の必要がないことに、書き手としてホッとするというよりは、その異常な状況に唖然とする。政治的、経済的決断力の欠如をはじめとするニッポン病のなせる技であろう。そんな中で、毎年届く「△□○」の福田剛会長からの年賀状は元気いっぱい。二〇一二年の場合、大震災からの復興のためには「気力」が必要とばかりに、広島の世界遺産である宮島・厳島神社をバックに「ド派手な『パワースーツマン』で参上」と、元気な姿を見せている。

とはいえ、十年一昔である。

本書に収録するため、△□○の雑誌掲載後の変化および最近の状況などを聞こうと、久しぶりにMr.△□○に電話をすると、今は会長職ということで、出社は週に二日だけ。社業は娘婿の生西健司社長らに任せて、本人は株式会社△□○の宣伝マン、「Mr.△□○」の活動が忙しいようだ。

久闊を叙すため、こちらから広島に行くつもりだったが、今や「悠々自適」とあって、福田会長のほうから私の住む新潟に来ることになった。不思議にこれまで新潟には縁がなく「新潟のおいしいお酒と料理を味わいたい」というので、第8話に登場している樋木酒造（鶴友会博物館）に案内した。樋木尚一郎社長から「飲酒のための戒め」の額を土産にもらって、一緒に食事をし、酒を飲むなど、楽しい出会いと再会の場となった。

新潟の街でも福田会長は相変わらずの赤いスーツ姿だったが、近年はその赤もますます磨きがかかり派手になっている。そんな福田会長の姿を見つけて、見ず知らずの人が声をかけてくるというが、事実、新潟の店でも握手を求められていた。

Mr.△□○は行く先々で、今もそのパワーと元気を振りまいているのである。雑誌掲載後の大きな変化は、二〇〇二年九月に会社設立三〇周年を記念した三冊目の本『パワースーツが奔る』（ぱるす出版）を出版。本の完成直前の八月には、国際認証規格のＩＳＯ１４００１（環境マネジメントシステム）の認証を取得した。△□○の環境マネジメントシステムが大企業並みの水準にあると、世界的に認められたわけだが、その決定の大きなポイントになったのが、社訓である「△□○三訓」やポイ捨てを禁じた「企業宣言」だったという。

経営面では社長を譲るに当たって「社内から後継社長を」と思っていたというが、諸般の事情から、結局、関西で旅行代理店の営業をしていた娘婿の生西氏が岡山営業所長を経て、二〇一〇年に二代目社長に就任した。同時に、進化を続けるＩＴ化に対応するため、旧経営陣が退職。一気に経営陣の若返りが進んで、パソコンとテレビ電話を使った全社会議が当たり前の△□○で、最後に残った福田会長が出席するときだけ、プリントが配られる。

そんな光景に接して、彼は一人アナログ人間が参加することで、社員に余計な作業を強いることに、心苦しさを募らせたという。しかも、頭ではわかってはいても心は社長のまま。周りから「社長」と言われると、つい返事をする。だが、呼ばれたのは一緒にいる生西社長である。「あっ、新社長か」と反省するのだが、その度に新社長にも悪いと思う。

そこで「新社長と一緒にいてはダメだな」と感じた彼は「自分のビジネスマン人生もこれま

で」と観念した。会社は新社長らに任せて、出社も週二回にした。

そんな現実に直面した彼は、何とも寂しい気分に捕らわれた。元気が売り物のMr.△□○の人生の危機である。だが、悩んだ末に、福田会長はここでもMr.△□○らしい解決策を見いだした。

自分にとっての「会長」職はビジネスマン人生の終着駅ではない。会長＝快調。責任ある仕事から解放されて悠々自適を手中にできる「会長」こそ「快調」な日々そのものだというわけである。

事実、今では社業は社長以下に任せて、会長は△□○の宣伝マンに徹しているが、低迷する経済環境の下、会社は好調な業績を上げている。

第12話

オフィスを茶室にした日本で一番小さな社労士事務所「河原社会保険労務士事務所」

河原 孝朗　所長

❖人気の資格ビジネスの意外な背景
❖茶室オフィスからネットで配信される「都会のアボリジニ計画」
❖「良い社会」実現のための二十一世紀の教育法「天国の特訓」

突然の解雇、給料未払いなど、景気低迷時に増える労使問題を縁の下で支える社会保険労務士は、不景気が続く時代の成長ビジネスである。その社労士の仕事が

「なくなるほうがいい」というのが、河原孝朗所長だ。大きさを競う世の中で「良い社会」の実現を使命とする事務所は「外見を飾るのではなく、内面こそが大切」という信念のもとにつくられたユニークな「茶室オフィス」である。

社労士人気の背景

日本の企業社会全体にベンチャー精神が失われている現在、ビジネスを離れたところに企業や商品の在り方など、案外ベンチャーの本質を理解するヒントがあるのではないかと思う。

社会保険労務士（以下、社労士）は、資格ビジネスということもあって、一般には安定したイメージで、さほど華やかなイメージはない。そんなベンチャーとは程遠い存在に思える社労士事務所を取り上げるのは、他でもない。不景気の中で労使トラブルをはじめさまざまな問題が起きている企業社会で、社労士が演じている役割、仕事内容が今の時代だからこそ、あらためて考えてみる価値があると思ってのことだ。

二〇一一年春「日本で一番大きい社労士事務所の秘密」なる本が出版された。帯に顧問数一万五千社、事務所数全国三十か所とある。あるいは、社労士に関する本の中には「行列ができる社労士事務所の作り方」というテレビの人気番組をイメージさせるもの。『他人より年商10倍『儲ける』『社労士になる方法』といった本もある。

資格ビジネスの観点からは、事務所が大きく、行列ができる、また儲ける社労士事務所は、社労士の世界でのベンチャーの在り方を象徴しているのかもしれない。

一方の河原社会保険労務士事務所（河原孝朗所長）は「日本で一番小さい社労士事務所」である。といっても、一般的な社労士事務所は社会保険労務士の先生が一人に事務員というもの。人件費がバカにならないご時世とあって、先生一人のところも少なくない。というよりも、独立せずに企業に所属したり、資格は持っていても未開業という事務所なしの社労士が多い。

社労士試験関連では『うかる！　社労士シリーズ』その他も出版されている。確実な仕事としての資格人気を反映したものなのだろうが、逆に『もう、資格だけでは食べていけない』という本もある。そんな中での「日本一大きい」、あるいは「行列のできる」社労士事務所の持つ意味とは何なのか。

いわゆる社労士の仕事は、税理士や行政書士などと同様、法律で規定されている。一般的には一号業務（書類作成）、二号業務（提出代行）、そして三号業務（コンサルティング業務）まである。具体的には就業規則などの作成の他、社会・労働保険手続き、給与計算などの代行、人事や労務管理に関するコンサルティング業務などである。

基本的には企業との関わりしかない社労士だが、突然の解雇や給料未払いなど、景気が悪く、労使の利害が対立することの多い時代には、一般サラリーマンにとっても、グッと身近な存在になる。その意味では社労士人気は資格ビジネス面からばかりではなく、時代環境的にも成長分野とされるわけである。

それは表向き、困っている人のために尽力する縁の下の力持ち的な存在であり、世のため、人のために役立つ仕事である。だからこそ、国家資格があって「先生」と呼ばれる。

だが、そうした社労士人気の背景に思いを馳せる時、社労士としての使命とビジネスの狭間で、河原孝朗所長は悩むことになる。

茶室オフィス「河原庵」

現在の河原社労士事務所は一般的な社労士事務所や会社とは対極的な茶室「河原庵」を兼ねた茶室オフィスである。一歩足を踏み入れると、それまでの日常、当たり前の時間が止まって、ちがう時間が流れだす。「茶室の社労士事務所」と言われれば、不思議なように思えるが、人と人が相対する空間としては、千利休に尋ねるまでもなく、実は茶室こそが最適、唯一無二なスペースであることは、世界が認めている。

インターネットの世界では、クリエーターでアーティスト活動も多いという「健友斎」の「大健者列伝～健康を考える」というブログでも紹介されている。

「河原孝朗先生／全ての〝いのち〟と一期一会」と題する一文には、その一端が以下のように記されている。「音のない空間。時間が止まったような世界。私の為に御茶をたててくれる。その動作から、並々ならぬ風格が漂っている」「多くの悩める人と向き合う姿はＮＨＫの福祉番組でも放映されています。御茶をたてて〝いのち〟と出会います」

ユニークな茶室オフィス「河原庵」

かれこれ五～六年前「こういう形の事務所があっても、全然問題ないだろう」と思って茶室オフィスに模様替えをした。なぜ、茶室なのか。

「人生でも仕事でも何でも、私は本当は何もないスッポンポンの裸でいいと思っているんです。今あるもの、われわれが大事にしているものは、形だけの美しさであって、確かなものは何もない。ところが、大半の日本人は外見にこだわり、外見を飾って、内面を忘れている。しかも、現状に満足しているのかというと、自分たちの狭い了見に囚われて、実は窮屈な思いをしている」

常々、そう考えていた河原所長だったが、あるとき「そんな生き方は面白くないぞ。もっと大きな自由な心を持って、何でもせりゃあエエんだ」という茶道師と出会ったこともあり、「外観（外面）に捕らわれずに、内観（内面）を大切にせなあかんやろう」との彼の思いが集約されたスペースなのである。

平成の世に出現した茶室オフィスには古い家具、調度品、貴重な山野草などが四季折々にしつらえられている。それら先人たちが愛でたものに囲まれた茶室に座るとき、人間というのは一番安らぎ癒される。理屈ではなく、そうしたものに接したときに、日本人の、さらには人間としてのＤＮＡが蘇る。

事実、河原所長が専門的に扱っている障害年金手続きの際、精神障害者などのハンディキャップの人たちも、待遇問題、解雇などの労働争議で悩み疲れた人たちも、精神的に癒され心の落ち着きを取り戻す。茶室には形式として伝わる文化と伝統とともに、内側に先人たちの残した知恵が息づいている証である。そこで語る彼の言葉は「健友斎」のブログではないが、現代の利休にたとえるべきかもしれない。利休は外来の茶事を和様化し「道」として完成させた。その探究の生涯は茶人でありながら、最後は切腹を命じられたようにベンチャーそのものである。

二十一世紀の今、利休の出る幕はなさそうだが、茶室をオフィスにしたこと自体が、利休を現代に伝え、生かす道でもある。

「私は何とか社会が良くなってほしい、日本人の心が良くなってほしい。ずっと地球の上で幸せに生きてくれることを願ってましたから、そのためにできることは何でもしたいと思ってました」というように、茶室もその重要な一つなのである。

都会のアボリジニ

十代のころから、キリスト教会に通い始めたという河原所長は、日本人の精神性、あるいはその裏返しであるヨーロッパ文明の根本を変えたいと思って生きてきた。そして「本当は人間の精神面を少しでも良くできる、そうした方面の仕事に就きたいと思いながら、生活のために社労士をやってきたんです」とその真情を吐露する。

世の中を憂い、地球の行く末を案じるあまり、平成の利休・河原所長の主張は、時として過激である。

例えば「本当はわれわれの仕事はなくなるほうがいい。そのほうが安定したいい社会なんです」と、世のため人のためであるはずの社労士の仕事の矛盾を語るのも、世の中を憂えてのことである。

意外な指摘のようにも思うが、実際に社労士の仕事が必要とされる企業社会、世の中を考えてみれば、よくわかる。不安な社会でより重要性の増す健康保険、失業保険、年金などの手続き、そして労使が対立してレイオフ・解雇、賃金・残業代未払いなど労働争議が増えると、社労士の出番が来る。さらに、それらの仕組み、手続き、制度が増えて複雑になればなるほど、専門家としての社労士の仕事も多くなる。それがある意味では、不幸をメシのタネにしているようにも思える。そうした宿命を負っている。

もともと、社労士の資格ができたのは一九六九年、東京オリンピックの五年後である。高度成長期に労使間の対立、ストライキなどの労働争議が盛んになる一方、社会保険などが整備されるのに伴い、専門的な資格が必要とされたためである。

「だから、もっと単純にして、社会が安定したら、われわれ社労士は必要ない。本当はそうした社会のほうが、みんな幸せですよ」と語る河原所長の悩みは尽きない。

実は、それは社労士に限ったことではなく、多くの「士」業、先生といわれる職業が、そうした矛盾を孕んでいる。弁護士にしても、世の中に争いごと、揉め事がなければ職業として成り立たない。医者も同様に、病人の多い不幸な世の中のほうが仕事になる。もちろん、人のことは言えない。ジャーナリズムも似たような一面がある。

そうした世の中の仕組み、経済の流れが社労士の仕事に重なって見えるとき、彼が自らの生き方の原点である「世の中を良くしたい、人間を良くしたい、そのためにはどうしたらいいのか」という問題を模索し、その手段、方法そして答えをメッセージするのは、平成の利休として当然

まい。

河原所長の主張は、今では事務所のホームページで「都会のアボリジニ計画」として公開されている。アボリジニとは言うまでもなく、自然の心を失わずに生きるオーストラリア原住民のことである。「都会のアボリジニ」は、その自然な心を持ちながら近代文明を利用して生きる人間のことであり、彼もまたその一人というわけである。

一粒の麦

河原所長は一九五〇年三月、大阪で生まれた。カトリック系の中学校に進んだことから宗教と出会った彼は、やがてキリスト教に傾倒し、近くにあったプロテスタントの教会に通い始めて、結局、五十歳近くまでキリスト教と関わりながら、今日に至る。

彼にとって大きな人生の転機は、高校時代に結核を病んで二年休学したことであった。彼は全快を神に祈りながら、教会で教えられていた「三位一体説」に矛盾を感じ、自分は一体誰に祈るべきなのか悩んだ。父なる神なのか、イエス・キリストなのか、精霊なのか。あるいは、その三者すべてなのか。

教会の教えに違和感を覚えた彼は、自分のために祈る虚しさを感じるとともに、彼の疑問に納得する答えを示してくれない教会関係者や信者の理想と現実に直面して悩みを深くするとともに、自分なりの真理を追求していった。

そして、たどり着いたのが「ゼロ」になることが重要で、キリスト教で言えば主の祈りだけで、個人的な祈りなどする必要もないことを知って、健康を取り戻す。「ゼロ」とは仏教で言えば「無」、要するに悟りの境地である。

彼が入院した結核専門病院にはＡＢＣのランクがあって、当初、彼はもっとも深刻なＣランクだった。周りの者がみんな亡くなっていくのを見て、彼も「自分ももう治らない」ことを悟って、すべてを諦めた。事実、入院した一年目は、まったく治らず、夢も希望も捨てて「もう、エエわ。人生というものは、一日一日の喜びだけで十分や」と、そう思ったところから、不思議なことに治ってきた。「病気になって、初めて人間の生き方がわかった」というが、それが聖書の中にある有名な言葉「一粒の麦、地に落ちて死なずば、ただ一粒にてあらん。もし、死なば多くの実を結ぶべし」という意味であった。ゼロになることが大事で、そうすれば病気も治る。人間はゼロになっても、そこから出発できる。

だが、ゼロになった彼が、あらためて見る教会や信者の姿は、彼には「聖書」の世界からは程遠い盲信や自己愛そのものに思えて、彼が「聖書」の意味をたずね、自分なりに理解した真理について語ることが、そのまま教会との論争、戦いになっていく。

その孤独な戦いの軌跡である彼の人生そのものが、実はベンチャーなのである。

二〇一一年の年賀状

教会の在り方に失望した彼は、最終的に五十歳の時に所属する教会を離れた。その後は一般的な知識人を相手に、例えば科学者、同業の社労士、仏教徒に本当の人間の生き方を語り、さらに病気で死期の近い人たち、あるいは精神障害、発達障害の人たちにも言葉を投げかけてきた。

「いろんな人たちの中に神を見たかった」という彼は囚われのない心、ゼロになることによって病気が治った経験から、その思うところを伝えようとするのだが、なかなか彼の主張を理解してくれる相手はいなかった。

「昔は一つの文章を書くのに二時間、三時間かかって、その結果が音沙汰なしです。無力感にとらわれ、失望していたときにインターネットが登場してきて、あれで精神的には救われました」と語るように、現在では彼の主張は「都会のアボリジニ計画」として、ネット上に公開されている。

しかし、そこでも孤独な戦いが続いて、二〇一〇年末、日本人に失望した彼は、翌二〇一一年の年賀状に「日本人は神仏を必要としなくなった」と書いた。

「日本の知識ある人々、病気の人々、宗教関係の人々にも現在において仏性（美しい心、良心）

や宗教（真理と善）や神仏を求める心が無くなったことを知りました。科学知識と法律と物質的豊かさへの欲望が日本人の心を覆ってしまったのではないでしょうか」

年が変わると、ホームページ上にも「日本人は不幸な目に合わないと目が覚めない」と書く。別に「天罰」という形での不幸を望んだわけではないが、日本人もアボリジニの人たちのような自然な心を持った、本来のホモサピエンスにもどる必要があると思ってのことである。

そのとき起こったのが、3・11東日本大地震そして福島原発事故であった。

3・11後、多くの識者・文化人の発言の中で、問題にされたのが石原慎太郎都知事の「天罰」発言である。その言葉が叩かれたのは、叩く側のバックボーンに本来の意味の宗教が欠落していたからだろう。彼の言う、あるいは河原所長の言う「天罰」は現代の文明全体、人類全体に対する罰なのだが、それが短絡的に個人レベルの罰と取られた結果である。宗教があって、犠牲という概念があれば、大半の不幸と思えるものは不運であっても、必ずしも不幸とは限らないからである。

3・11直後の日本の姿は、世界に大きな衝撃を与えると同時に、日本人の精神性の高さをあらためて世界に示すものだった。だが、時の推移とともに河原所長には、その精神性もメッキが剥がれ、元の自分中心の行動様式に戻ってしまったようにしか思えない。「日本人はもっと大きな不幸な目に合わないと目が覚めないのか」と語る彼の危機意識は強い。

天職としての社労士

戦後の高度成長期に育った彼は、レイチェル・カーソンの「沈黙の春」などを読んで、日本でも問題になっていた公害をなくしたいとの思いから、近畿大学農学部農芸化学科に進んだ。

卒業後は下水処理業務を請け負うメーカーに就職。下水処理場に派遣されて、働くことになったが、下水処理場での仕事は硫酸や硝酸のミストを吸うため、どうしても化学物質の影響を受ける。

すでに結婚して子供が生まれたこと、公害も少なくなりつつあったことから、生活のため転職を決意。「事務の仕事を」と思って飛び込んだ、その事業組合で社労士の仕事に出会う。社労士の一号業務（書類作成）と二号業務（提出代行）を仕事にしており、彼は一年間そこでの業務をこなし、社労士の勉強をしただけで社労士試験に合格したという。

三十歳前にめでたく社労士資格を得た河原所長だったが、給料が安くて生活は楽にならない。そのため、またもや生活のためテレビゲームの会社に転職。結果的に、そこでの仕事が河原社会保険労務士事務所の開業へとつながっていく。

その会社がインベーダーゲームで、一時は全国を制覇した急成長企業であった。待遇も良かったが、突然インベーダーゲーム人気に翳りが生じると、失墜するのも早かった。不渡りを出して銀行管理となったのを機に、旧経営陣と一緒に彼も退社。独立して、ミシンの部品製造を行っていた実家の仕事を手伝う形で社労士の仕事を始める。

高校時代に大病をしたこともあり、病気や医療関係の勉強をしたいと考えていた彼は、やがて実家の会社が参加していた「ミシン経営研究会」に出席した。名称に「経営」がついているが、会員である戦後ミシンで一儲けした経営者の大半が高齢者で、経営のことよりも、健康に興味があり、全国の有名病院の先生を講師に招いていたからである。

「生活のために社労士になった」という彼だが、それは人間にとっての天職とは何かを考えるきっかけともなっている。天職とは何かを考えた時、例えば仕事の中に自分なりの使命（ミッション）を見い出すこと、仕事を通じて世の中に貢献すること、そして仕事そのものを喜びとするということであれば、まさに社労士は彼の天職でもあった。

人としての企業

河原所長は本業である社労士と、もう一つの顔である茶道の達人以外に、気功家としても知られる。また、大学のころから本格的に始めた卓球を、今も続けている。時々、地域などの試合にも出る彼は、卓球の達人の立場から卓球の世界における変化をスポーツ全体、さらには企業や社会の変化に重ね合わせる。

日本には卓球のラリーの長さを楽しむフリーピンポン協会があるぐらいで、卓球の楽しみ方もいろいろである。ところが、今は勝つことがすべてで、とことん勝ちにこだわる。「ですから、勝てば優越感を味わうことができるけど、負ければ劣等感にさいなまれる。その繰り返しです」と首を傾げる。

河原所長はそうした、いわば現代文明の病理を、ひたすら重さと大きさを競う形で欲望を肥大化させ、結局、自らを滅ぼすことになった恐竜になぞらえる。限りなく増殖するものは、必ず滅びるという現代社会におけるガン細胞だからである。

そうした認識が彼のホームページ上で「木の棒で丸いタマを遠くに飛ばす技術の高い者を、まるで英知ある者のように祭り上げています」「権力と富は英知ある人間に与えるべきものです」といった発言につながっていく。その主張は時として過激であるが、素直な心で耳を傾ければ、しごく真っ当である。

彼が病気に着目するのも、囚われの心をなくし病人がいなくなれば、それだけで医療費が減って、財政赤字など吹っ飛んでしまうからである。また年金問題を声高に論じるのも金持ちが国を思い次世代のことを考えるならば、率先して年金を返上すべきだからである。そうしたことが少しでも実現すれば、実はお金以上の相乗効果、波及効果が生まれ、世の中も良くなる。

彼が提唱する「都会のアボリジニ計画」には、人間が永遠に幸せに生きるための「人間の生き方」が書いてある。そして「存続のために必要な知恵」として、要するに自然の心を持つことが説かれる。自然な心が重要なのは、心よりモノを優先する生き方をすれば、社会は崩壊するからである。「美しい自然や昔の人工物を見て心をフォーマットし、このホームページを見て、思考と意思をフォーマットしてください」と、彼が書くのは事務所を茶室にすることと同様、それがインターネットの世界におけるオアシス、茶室のような存在になればとの思いからである。そこで説かれるのが企業が存続するための条件である。

企業理念・哲学について、彼は三つの条件をあげる。一つ目が普遍性。宇宙や地球同様、企業も命あるものとして見る必要がある。人間や動物も普遍的存在であり、永遠に企業が存続するには、企業の内側にも「普遍」が不可欠だからである。二つ目が、企業理念・哲学は行動基準ではなく思考基準であること。ほとんどの企業で企業理念・哲学が生かされていないのは、それが知識や形式上の存在と化し、思考基準として身についていないためである。そして三つ目に、企業そのものを「人」として見れば、子供のときには許されたことでも、大人になれば、それなりの社会的責任が問われる。その結果、自ずと企業の行動も決まってくる。

こうした観点からの企業理念・哲学の作成もまた、社労士としての河原所長の重要な仕事なのである。

だが、彼が声高に説く主張はなかなか現実の社会に届かないまま、人々はカーソン女史が「沈黙の春」の中で「行きつく先は禍いであり、破滅だ」と書いた便利で豊かな文明の道を突っ走ってきた。

そして、いまさら止まれない状況が続いて、世界は地球規模の天変地異、環境破壊、国家経済の破綻に苦悩している。その姿は河原所長が「利潤を得ることを目的とするものが企業であると、憚りなく教えています。そのような限りない成長を前提とするものは、限りある地球上においてはガン細胞なのです」と警告し憂えた通りの結果である。

だが、嘆いてばかりもいられない。

天国の特訓

普遍的真理を説く企業理念・哲学は二十一世紀の企業の栄養である。現代文明が恐竜であれば、このまま絶滅するのを待つばかりである。あるいは、ガン細胞であれば、せっかくの栄養が心に届かない。病んで死ぬのを待つばかりである。

絶滅の道を回避するためには、心の栄養が必要であり、茶室オフィス「河原庵」では企業経営者、そこで働く人々だけではなく、その家族を含めたすべての人々を対象に、自然な心と身体の教育としての「天国の特訓」を用意している。地獄の特訓とちがって、天国の特訓は二十一世紀の教育法である。

その内容は「創造性、人間力開発コース」と「心を自然に健康に、創造性と人間力を養う」コースに分かれている。前者では呼吸法や気功法などを用いて、ストレスや病気に負けないようにする。後者ではEQテストを行い、その結果を参考に創造性と人間力を発揮するための具体的なアドバイスを行うなど、茶室オフィスでゼロになって、健康で自然な心を取り戻す手助けをする。身も心も傷ついた現代人の相談に乗るということでは、これも広い意味での社労士の三号業務（コンサルティング）というわけである。

心の栄養はそれだけではない。「汝の敵を愛せよ」と聖書には書いてある。「受けるより与えるほうが幸福である」と、分け合うことの大切さを教えている。どんな敵も悪もあるいは憎しみさえも、自分の精神性を高めるための存在、糧と思えば、必ずしも排除すべき対象ではないからである。

そう考えれば、3・11東日本大震災、タイの大洪水など世界で起きている天災は、天国の特訓の自然版、地球版ではないのかと、そんな気もしてくる。単純な不幸とは異なる気づきだと思えば、不幸は再生のための必需品、新たなる出発のきっかけでもある。

神話の世界では、地球上のあらゆる不幸や悪が飛び出してきたパンドラの箱は、あわてて閉じた時に希望だけが中に残った。その意味では、不安に満ちた危機的状況にある世界だが、河原所長がインターネットという光に救われたように、世界のあちこちでネットの力による市民革命が起きている。科学の最前線では遺伝子工学をはじめとする神の領域を侵すかのような生物学的な取り組みが進行する一方、考古学や天文・物理学などの進展がこれまでの科学が否定してきた目に見えないものの存在を証明し、宗教やニューサイエンスの可能性を少しずつ明らかにしつつある。

そこに「何か希望もあるのかな」というのが河原所長の最近の心境のようでもある。そして、彼の神への祈り、対話は続けられる。

❖　❖　❖

二〇一二年の年賀状

本文で紹介しているように、二〇一一年の年賀状に「日本人は神仏を必要としなくなった」と書いた河原孝朗所長は、3・11東日本大震災を経た今年の年賀状では「社会を崩壊させる間違った思考と欲念」と題して、次のように書いた。

「神仏を必要としなくなっても良いとは思うのですが、社会を崩壊させないためにも間違った考え方を身につけないこと、悪い欲念を喜びにしないことが大切だと思うのです。人間が社会を形作り生きている現在においては、悪い欲念を喜びにする人間と間違った考え方を身につけてしまう人間が増加すれば、社会は必ず崩壊するからです。

そうならないために宗教があり、昔話や寓話があったのですが、神仏も宗教も昔話も寓話も必要としなくなった日本では社会を崩壊させないためにも、このことをどう処理するかこれから最も大きな課題になると思われます。

このことは仏典でも聖書でも中心的な真理であり、あらゆる宗教の原点なのです。これは社会の平和的維持と人間の幸福のためには避けては通れない道なのです。このことはぜひ覚えておいていただきたいと思います」

ＰＨＰ研究所をつくって、雑誌「ＰＨＰ」を創刊したパナソニック（旧・松下電器）の松下幸之助は「日本の目標は国民の幸福である」ということから、企業の目的・役割もまた国民の幸福につながる製品やサービスを提供することであると考え、ビジネスを通して、豊かさを享受し、幸福につながる雇用を生んできた。

しかし、パナソニックに限らず、多くの企業でそんな当たり前の企業の目的・役割が、厳しい経済環境を理由に下請けを切り捨て、子会社や不採算事業を整理し、リストラに次ぐリストラを重ねて、体裁を取り繕っている。

何とも情けない。それが高度経済成長を遂げ、一億総中流と言われ、行き着いたはずの豊かな社会の成れの果てである。

どこで、どう道を間違えたのか。答えは明らかだが、ここでは敢えて触れないことにする。

言っても、真実の言葉に対するレシーバーのない社会で、聞く耳を持たない者には、反発を招くだけで、何も伝わらないからである。

その点、若い頃からキリスト教会に通い、神との対話を続け、その後も社会保険労務士として、良い社会の実現を目指した河原孝朗所長が、深い喪失感に襲われつつ、それでも社会の崩壊の危機を前に、なお警告を発するのは一人の人間、社会人、社労士としての良心を持つ者として当然のことであろう。

個人的なことだが、私は学園紛争華やかなりし頃の立教大学経済学部を卒業した。当時、あまり勉強をした記憶はないが、その中でももっとも忘れられない授業が山本二三丸教授の「経済原論」であった。そこで学んだ革命家の言葉が、私のジャーナリストとしての座右の銘となったからである。

過激なアジ演説のような口調で、マルクス経済学を語り、体制を批判しつつ、何かというと、彼は結論づけるように、黒板に「地獄への道は善意によって敷き詰められている」と書いて、アンダーラインを引いた。その言葉を聞いて、私は長年抱いていた生きづらさの理由を知るとともに、結局、ジャーナリストへの道を歩むことになった。

河原所長の生き方や言葉は、私には実にわかりやすく、納得できるのだが、同時に彼の発言が逆に周りを刺激し、なかなか伝わらない。それは、私がジャーナリストとして取材をしてきた、あらゆる業界、企業、人々に対して抱いてきた思いであり、実際に見てきた現実でもある。

そんな思いを共有する河原所長との出会いは、ネットで京セラの稲盛和夫氏の「経営の原点」について検索していたところ、たまたま河原社労士事務所の「都会のアボリジニ計画」が目に入ったことからであった。直観的に、伝わりにくい彼の思想並びに真理を私なりの言葉で伝えることができるのではないかと思って、やがて訪ねていったのが最初であった。

その後、大阪に行く機会があるときに、茶室オフィスを訪ねて、お茶やお酒を楽しみながら、さまざまなテーマについて語り合うのが、通例になっている。その意味では、本書の最後を飾る第十二話は、河原社労士の生き方、言葉を借りながら、実は私の思想並びにメッセージの一端を伝えようとしたものでもある。

あとがき

本書はビジネス情報誌『エルネオス』の連載「早川和宏のベンチャー発掘！」で紹介した十二社を取り上げたものです。連載は私の興味の赴くまま縁あって紹介してきたもので、私としてはベンチャーの性格上、一般的にはあまり知られていない企業について「読んでわかる会社案内」を書くつもりで取り上げてきました。記事を読めば、そのベンチャーの本質が掴めて、さらにその事業を通して目指すべき理想型がわかるように描いてきたつもりです。

「エルネオス」は会員制の定期講読誌のため、残念ながら「知らない」という読者も少なくないと思います。

「売れる本がいい本なのだ」というベストセラー出版社の社長もいますが、本にしろ何にしろ、売れているから、あるいは有名だから、価値があり、尊いわけではありません。

そのことをわかった上で、本書を手に取っていただければと願っています。出版不況と言われて、本の売れない時代に『日本発！　世界№1ベンチャー』に続いて、その第2弾でもある本書を出版できたことを、一人の著者として、素直に喜びたいと思います。

できるだけ多くの人に読んでもらって、日本にも世界に誇るべき楽しく、価値ある世界No.１ベンチャーがあることを知ってもらえればと思います。彼らは自分のことだけでも精一杯の時代に、理想を忘れず、降りかかる苦難をものともせず、先の見えない不安を絶え間ない努力と揺るぎない信念を頼りに、本来の企業の在り方、並びに日本人の使命を貫いていく。そうやって得た成功は、三重苦、四重苦に押しつぶされそうな時代を照らす希望の光です。

最後に、本書を出すにあたって、連載でお世話になった「エルネオス」の市村直幸編集長、担当の鈴木裕也氏をはじめ、エルネオス出版社のみなさまに感謝いたします。

取材に応じてくれた各社のみなさまにも、心よりの感謝を捧げます。

また、前著に続いて出版の労を取ってくれた三和書籍の高橋考社長、編集に当たってくれた下村幸一編集長のお世話になりました。あわせて感謝いたします。ありがとうございました。

二〇一二年九月

著者

初出一覧

第一話　『エルネオス』二〇一二年二月〜三月号
第二話　『エルネオス』二〇一二年四月〜五月号
第三話　『エルネオス』二〇〇二年十二月〜二〇〇三年一月号
第四話　『エルネオス』二〇一二年六月〜七月号
第五話　『エルネオス』二〇一一年十月〜十一月号
第六話　『エルネオス』二〇〇五年十月〜十一月号
第七話　『エルネオス』二〇〇七年二月〜三月号
第八話　『エルネオス』二〇〇一年十二月〜二〇〇二年一月号
第九話　『エルネオス』二〇一二年八月〜九月号
第十話　『エルネオス』二〇〇四年六月〜七月号
第十一話　『エルネオス』二〇〇〇年八月〜九月号
第十二話　『エルネオス』二〇一一年十二月〜二〇一二年一月号

【著者】

早川　和宏（はやかわ　かずひろ）

1948年生まれ。

立教大学経済学部にてマルクスの哲学および弁護法・マックスウェーバーの社会学を学ぶ。卒業後、社会派ジャーナリストとして活躍。心の変革、社会の変革を目標に掲げ、幅広いテーマに取り組んでいる。ひとりシンクタンク「2010」代表。

主要著書として『魔法の経営』（三和書籍）、『会社の品格は渋沢栄一から学んだ』（出版文化社）など。訳書として、ミナ・ドビック著『ミラクル』（洋泉社）。

世界でいちばん楽しい会社

——夢を追う12の起業家たち——

2012年　10月　23日　　第1版第1刷発行
2012年　10月　31日　　第1版第2刷発行

著者　　早川　和宏

発行者　高橋　考
発行所　三和書籍

〒112-0013　東京都文京区音羽2-2-2
TEL 03-5395-4630　FAX 03-5395-4632
sanwa@sanwa-co.com
http://www.sanwa-co.com

印刷所／製本　倉敷印刷株式会社

ISBN978-4-86251-140-9　C0034

三和書籍の好評図書

Sanwa co.,Ltd.

ダライ・ラマの般若心経

—日々の実践—

ダライ・ラマ14世　著／マリア・リンチェン　訳

四六判　並製　209頁　定価：2000円＋税

●ダライ・ラマ法王は、東日本大震災で犠牲になった方々のために、10万回の『般若心経』の読経を行うよう、チベットの僧侶たちに指示をだされました。本書は、般若心経が、私たちの毎日をより幸せに生きるための「智慧」の教えであることを説いたものです。

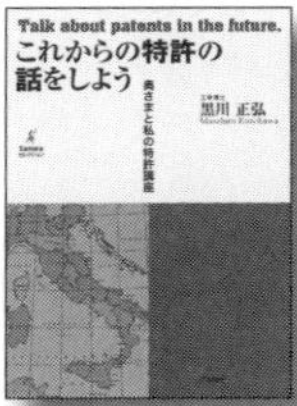

これからの特許の話をしよう

—奥さまと私の特許講座—

工学博士　黒川正弘　著

四六判　並製　250頁　定価：1200円＋税

●特許を重視するプロ・パテント政策、逆に軽視するアンチ・パテント政策の両方を自在に使い分け自国の産業浮揚を図るような戦略が我が国にも必要であることを、楽しくわかりやすく解説。

住まいのいろは

三沢浩　著

四六判　並製　218頁　定価：2000円＋税

●本書は、日本を代表する建築家の一人である著者が、建築や住宅デザインに必要な知識について「いろは」順に並べて解説したものである。重要な建築／設計用語の勘所はほとんど網羅されている。

バイオサイエンスの光と影

—生命を囲い込む組織行動—

農学博士　森岡一　著

四六判　並製　256頁　定価：2500円＋税

●遺伝子特許のもたらす功罪とは？　途上国の抗エイズ薬供給問題とは？　多くの裁判例から、生命の囲い込み（特許化）がもたらす問題を明らかにし、研究者倫理とオープンイノベーションへの道標を指し示す！